한 국 사
영 화 관

- 전근대 편 -

한 국 사
영 화 관

- 전근대 편 -

18편의 영화로 읽는
삼국, 고려, 조선 시대사

김정미 지음

메멘토

머리말

2014년에 출간한 『한국사 영화관』을 전근대와 근현대 편으로 나누어 두 권으로 내게 되었다. 그동안 주목할 만한 한국 역사 영화가 많이 만들어진 덕분이다. 역사 콘텐츠 연구자로, 또 역사 영화를 쓰는 시나리오 작가로 무척 감사한 일이다.

지난 몇 년간 한국 사회에는 많은 변화가 있었다. 특히 잘못된 정치권력을 국민의 힘으로 바로잡은 경험은 오늘날 우리가 꾸려 가는 시대가 가진 역사성을 돌아보게 했고, 더 나은 미래를 고민하게 했다.

역사 영화를 보는 관객의 눈도 그전과 많이 달라졌다. 역사 영화는 과거를 소재로 삼지만 영화가 만들어진 당대 사람들의 세계관과 취향을 고스란히 반영한다. 그 때문에 최근에 만들어진 역사 영화는 이전의 영화들과 또 다른 내용과 관점을 담고 있다.

흔히 역사는 고리타분하다고 생각하는 사람이 많다. 그러나 역사는 살아 있는 인간들이 만들어 온 생생한 진짜 이야기다. 그 어떤 천재 작가의 상상력이 만들어 낸 허구보다 인간의 숨결이 묻어 있는 이야기이므로 재미와 호소력 면에서 엄청난 파괴력을 가진다. 그 때문에 사람들은 역사를 소재로 만든 영화에서 인간적 동질감을 찾아내 공감하고, 때로는 그 속에서 현재를 돌아보고 미래를 가늠하기도 한다.

이 책은 관객들이 영화의 재미뿐 아니라 역사에 대한 흥미까지 함께 느끼기를 바라는 마음에서 쓰였다. 전공자이거나 역사에 대해 지대한 관심을 가진 사람이 아니라면 모든 역사 영화의 시대상을 잘 알기는 무척 어렵다. 그러나 역사 영화를 볼 때 영화가 다루는 시대 배경이나 인물을 알면 영화 보는 재미가 배가되는 것은 분명하다. 『한국사 영화관』(초판)을 출간한 후 다양한 대중 강연을 다니면서 관객이자 독자를 많이 만났다. 영화를 볼 때 잘 몰랐던 역사적 사실을 알고 나자 영화가 더 재미있어졌고, 역사를 더 공부하고 싶기도 하고 영화와 다른 관점으로 당대를 생각해 볼 여지가 생겼다는 분들이 많았다. 이것이 더 많은 영화를 다루면서 『한국사 영화관』을 두 권으로 개정·증보하게 된 계기가 되었다.

1권 『한국사 영화관, 전근대 편』에는 삼국부터 조선 시대를 배경으로 한 영화 18편을 다룬다. 〈안시성〉·〈쌍화점〉 등 삼국·고려 시대를 다룬 영화를 포함했지만, 전근대에 대한 영화가 조선 시대에 집중되어 있어 조선이 배경인 영화가 대다수인 점에서 아쉬움도 있다. 고려, 삼국, 나아가 고대사를 다룬 영화도 많이 제작되어 관객을 만났으면 하는 기대를 해 본다. 흔히 말하듯, 5000년의 긴 역사를 가진 한국사에는 영화적 소재가 무궁무진하기 때문이다.

2권 『한국사 영화관, 근현대 편』에는 대한제국기부터 1987년까지 우리 근현대사 100여 년을 배경으로 한 영화들을 담았다. 최근 근현대를 배경으로 한 영화가 부쩍 많이 제작되었고 많은 관객의 호응을 얻었다. 지난 몇 년간 일어난 정치·사회적 변화들로 관객들이 먼 과거보다는 현재의 삶과 밀접한 가까운 과거를 돌아보고자 해서 생긴 현상이 아닌가 한다. 역사적 소재를 차용하여 재미만을 추구하던 역사 영화의 성향이 시대를 바라보는 관점과 역사관을 보여 주는 쪽으로 옮겨간 것도 매우 고무적이다. 역사 영화가 단순한 오락거리나 흥미를 넘어 깊이와 역사성을 가지게 되었다고 생각되기 때문이다.

한 편의 영화를 만드는 데는 무척 오랜 시간과 많은 사람의 노고가 필요하다. 특히 역사 영화는 역사성과 재미, 두 가지를 다 고려해야 하는 장르이므로 더 많은 고민과 노력이 든다. 2000년 이후에 개봉한 한국 역사 영화는 역사 왜곡이나 개봉 당시의 사회상을 반영한 관점의 문제 등으로 간혹 논란의 중심에 섰다. 그러나 대부분은 관객들의 기대를 저버리지 않은 훌륭한 작품들이었다. 그런 작품들을 좀 더 재미있게, 또 잘 이해하기 위해 이 책이 많은 사람에게 읽히길 바라는 마음이다.

특별히, 게으른 주제에 일만 벌이고 다니는 나를 기다리고 채근하기도 한 메멘토 출판사의 박숙희 대표께 감사의 말씀 올린다. 이번에 책이 두 권으로 묶여 나오게 된 것은 모두 박 대표 덕이라고 생각한다.

늘 그렇듯 묵묵히 곁을 지켜 주는 남편 김동준과 온전치 못한 주인을 만나 여러모로 위로와 힐링의 역할을 담당해야 했던 강아지 '돌이'에게도 감사를 표한다.

2019년 1월

김정미

차례

1

고구려의 저력과
기개의 상징

– 안시성 –

2000년 이후 제작된 한국 역사 영화의 시대 배경은 대개 조선 시대나 근현대에 집중되어 있다. 고대나 고려 시대가 배경인 영화가 몇 편 나오기는 했지만 조선 시대 이후를 배경으로 하는 영화에 비해 현저하게 적다. 특히 고대를 배경으로 한 영화는 이준익 감독의 〈황산벌〉(2003년 개봉)과 〈평양성〉(2011년 개봉)이 삼국 통일기인 7세기를 다루었을 뿐 다른 영화는 없었다. 사실 고대사의 주요 사료인 『삼국사기三國史記』나 『삼국유사三國遺事』는 역사적 기록이 소략한 대신 상상력으로 채울 수 있는 스토리텔링의 가능성을 무한히 품고 있다. 그러나 시대상에 대해 관객들이 가진 배경지식이 조선 시대나 근현대에 비해 적고, 한반도에 국한되지 않은 공간적 거리감, 천년도 더 넘게 먼 과거라는 시간적 거리감 때문에 고대사를 배경으로 하는 영화가 만들어지지 못한 것도 사실이다.

그런 면에서 영화 〈안시성〉(2018년 개봉, 감독 김광식)은 이름만 들어 봤을 뿐 제대로 알지 못했던 안시성 싸움을 소재로 삼고도 고대사에 대한 관객의 관심을 이끌어 냈다는 점에서 한국 역사 영화의 지평을 넓혔다고 할 수 있다.

당의 고구려 침략

〈안시성〉의 시대적 배경은 삼국 시대 말인 7세기 중엽, 당이 고구려를 처음 침공한 때다. 『삼국사기』에는 안시성 싸움의 전말이 꽤 자세히 기록되어 있다. 보장왕(寶藏王, 재위 642~668) 4년에 당의 2대 황제인 태종 이세민(李世民)이 대군을 이끌고 고구려 땅에 쳐들어왔다.

> (당의 장수) 세적이 드디어 안시성을 공격하는데 안시인들이 황제(당 태종)의 깃발과 일산을 보고 문득 성에 올라가 북을 치고 소리를 질렀다. 황제가 화를 내자 세적이 성을 빼앗는 날에는 남자는 모두 구덩이에 묻어 버리기를 청하였다. 안시인들이 이 말을 듣고 더욱 굳게 지키니 공격이 오래되어도 함락되지 않았다.
>
> 『삼국사기』 권21 고구려본기 9 보장왕

│ 당 태종. 보장왕 4년(645)에 고구려 영토
를 침범한 당 태종은 처음 3개월간 고구려
성을 차례로 함락하며 드디어 안시성에 도
착한다.

송의 구양수(歐陽脩)가 펴낸 『신당서新唐書』에서 당 태종이 안시
성에 도달한 때가 음력 7월이라고 하니 양력으로 8월경, 뜨거운 여
름철이었다. 이미 봄부터 고구려를 침공한 당의 명분은 연개소문(淵
蓋蘇文, ?~665)의 쿠데타로 죽은 고구려 영류왕(榮留王, 재위 618~642)
의 원수를 갚는다는 것이었다. 대개 동아시아 전근대 시대의 전쟁
은 이웃 나라의 정변을 빌미삼아 자신들의 침략 야욕을 정당화하면

서 벌어졌다. 당 태종은 음력 3월에 고구려 정벌을 결정하고 4월에 요하를 넘어 고구려 영토를 침범했다. 그 뒤 당군은 3개월간 승승장구를 거듭하며 7월에는 안시성 앞에 이르렀다.

당군은 이에 앞서 개모성과 비사성·요동성 등등 고구려의 중요한 지점을 쉽사리 무너뜨렸는데, 그중 요동성은 매우 중요한 의미를 가진 성이었다. 7세기 중엽이면 고구려 사회가 상당 부분 불교화되었지만 여전히 토속신앙과 불교가 병립하고 있었던 것으로 보인다. 영화 앞부분에서 고구려의 멸망을 예언하던 무녀(정은채 분)가 주몽(朱蒙)의 활과 함께 당 태종의 포로가 되는 장면이 나오는데, 이는 『삼국사기』 중 당 태종이 요동성을 함락한 이야기에서 따온 것으로 보인다. 요동성에는 원래 주몽을 모시며 하늘에서 내린 쇠사슬 갑옷과 날카로운 창을 간직한 사당이 있었다고 한다. 그리고 적의 침공이 있을 때 이 사당에 미녀를 주몽의 신부로 바치면 주몽 신이 기뻐하며 성의 안전을 지켜 주었다는 것이다. 이런 이야기가 전할 만큼 요동성은 고구려에 중요하고 상징성이 큰 성이었지만, 당 태종의 공격을 받고 12일 만에 함락되고 만다. 요동성의 함락은 중국과 맞닿은 고구려 성들의 연이은 함락을 의미했다. 그래도 『삼국사기』에 따르면, 당 태종이 안시성은 피해 가려 했다고 한다. 안시성주의 높은 기개 때문이다. 그러나 당 태종이 아끼던 뛰어난 장수 이세적은, 저력이 만만찮은 안시성을 우회하고 남하할 경우 뒷일을 안심할 수 없다면서 안시성을 반드시 꺾어야 한다고 주장했다.

영화는 안시성이 당시 고구려의 권력자인 연개소문의 미움을 사서 고립되었다고 설정했지만, 사실과는 다르다. 안시성이 연개소문의 쿠데타를 인정하지 않고 맞서고 있어 갈등 상황이었던 것은 사실이지만, 위기가 닥쳤을 때 안시성이 무너지도록 나 몰라라 하지는 않았다. 안시성이 당군에게 포위되기 직전 고구려의 지방 행정 단위 중 가장 큰 성을 다스리는 욕살(褥薩: 고구려 때 지방 오부五部의 으뜸 벼슬)의 관직에 있던 고혜진(高惠眞, ?~?)과 고연수(高延壽, ?~645)가 15만 군사를 이끌고 안시성을 도우려 했다. 그러나 이들은 당 태종의 전술에 속아 크게 패하고는 군사를 거느린 채 항복한 후 당 편에 붙고 말았다. 영화 앞부분에서 태학의 학생이던 사물(남주혁 분)이 바로 고혜진과 고연수가 당과 벌인 전투에 나선 것으로 보인다. 영화에서는 이들이 당군의 힘에 밀리는데도 안시성에서 도움을 주지 않아 사물이 안시성에 유감을 품지만, 역사적 사실은 이들이 안시성을 돕겠다고 섣불리 나섰다가 항복해 버려 오히려 당군에 병력을 보태 준 꼴이 된 셈이었다. 이 싸움의 패배로 안시성은 그야말로 고립무원이 되었다.

60일간 50만 명이 동원된 당군의 토산

영화가 과장은 있지만 안시성의 전투 상황을 『삼국사기』의 기록

▮ 『삼국사기』에는 60일간 총 50만 명의 당군이 동원되어 토산을 쌓았다는 기록이 있다.

과 비슷하게 표현해 냈다. 영화에 나오는 당군의 공성술(攻城術 : 성이나 요새를 빼앗는 기술)은 할리우드 영화의 전투 장면과 다소 유사하지만, 충차(衝車 : 적진이나 성을 공격할 때 쓰던 수레)를 성에 부딪쳐 성벽을 파괴하거나 토산을 쌓아 성벽을 넘어서려 한 것은 기록에 그대로 있다. 당군이 안시성을 넘기 위해 토산을 쌓는 데는 60일간 총인원 50만 명의 공이 들었다고 한다. 영화에서는 안시성의 장인들이 목숨을 희생해 이 토산을 무너뜨려 전쟁을 돕는다고 나온다. 이에 대한 기록은 없지만, 꼭대기가 무너지면서 성벽에 닿은 토산을 안시성 병사들이 단숨에 점령한 것은 영화의 내용과 실제가 비슷하다.

　음력 7월에 안시성 앞에 도착한 당 태종은 쉽게 함락되었던 다른 성들과는 달리 두 달여를 성 밖에 주둔하며 안시성을 함락하려

했으나 실패했다. 게다가 60일간 공들여 쌓은 토산마저 안시성 병사들에게 점령당하자 전의를 상실했다.

두 달 넘게 시간을 끄는 동안 때는 음력 10월에 접어들어, 일찍 추워지는 요동 지역의 날씨가 전투 자체를 불가능하게 했다.

황제는 요하의 좌측이 일찍 춥고, 풀이 마르고 물이 얼어 병사와 말이 오래 머물기 어렵고, 양식이 다 되어 가므로 군사를 돌리도록 명하였다. 먼저 요주·개주, 2주의 호구를 뽑아 요하를 건너게 하고 안시성 아래에서 병력을 시위하고 돌아갔다. 성 안에서는 모두 자취를 감추고 나오지 않았으나, 성주가 성에 올라 절을 하고 작별 인사를 하였다. 황제는 그가 성을 고수한 것을 가상하게 여겨 비단 1백 필을 주고 임금 섬김을 격려하였다.

『삼국사기』 권21 고구려본기 9 보장왕

안시성 앞에서 너무 시간을 써 버린 당 태종은 안시성을 끝내 점령하지 못하고 고구려 땅에서 물러가야만 했다. 돌아가면서 당 태종은 요동의 추위에 상당히 고전했다. 많은 병사가 북풍한설에 희생되었다. 이때 고생한 탓인지 병을 얻은 당 태종은 4년 뒤 고구려 침공을 후회하며 더는 고구려를 침략하지 말라고 유언하고 세상을 떠났다.

안시성의 성주는 정말 양만춘이었을까

영화에서 안시성주는 양만춘(楊晚春, 조인성 분)이라고 불린다. 그래서 성주를 존경하는 백성이 그의 이름이 뜻하는 '늦봄'을 따다 아이 이름을 짓는 장면도 있다. 지금도 많은 사람이 안시성주의 이름을 양만춘으로 알고 있지만, 이 이름은 조선 시대에 갑자기 떠오른데다 늦을 만(晚)이 아닌 일만 만(萬)을 쓰는 양만춘(楊萬春)이다.

안시성주의 이름에 관한 『삼국사기』의 기록이 있다.

> 그 성주는 가히 호걸로 보통 사람이 아니라고 말할 수 있다. 그러나
> 역사에 그 성명이 전하지 않으니 양자(楊子)가 말하기를 "제(齊)와 노
> (魯)의 대신이 역사에 그 이름이 전하지 않는다."한 것과 다를 것이
> 없다. 매우 애석하다고 할 것이다.
>
> 『삼국사기』 권21 고구려본기 9 보장왕

기록을 보면, 고려의 김부식(金富軾, 1075~1151)이 『삼국사기』를 쓴 1145년에 이미 안시성주의 이름은 잊힌 상태다. 그러다 안시성주로 양만춘이 갑자기 사람들의 입에 오르기 시작한 것은 500년 가까이 지난 임진왜란(1592) 이후 일로 보인다. 양만춘이라는 이름이 기록된 서적 중 지금까지 남아 있는 가장 오래된 것은 조선 중기 문신 윤근수(尹根壽, 1537~1616)가 지은 잡기 『월정만필月汀漫筆』이다.

│ 영화 〈안시성〉에서 양만춘(조인성 분). 『삼국사기』의 기록을 보면 안시성 사람들이 당군에 맞서 강고하게 대항한 배경에 성주의 통솔력과 그에 대한 백성들의 강한 신뢰가 있었던 것 같다.

안시성주가 당 태종의 정병(精兵)에 항거하여 마침내 외로운 성을 보전하였으니, 공이 위대하다. 그런데 성명은 전하지 않는다. 우리나라의 서적이 드물어서 그런 것인가? 아니면 고구려 때의 사적(史籍)이 없어서 그런 것인가? 임진왜란 뒤에 중국의 장관(將官)으로 우리나라에 원병(援兵) 나온 오종도(吳宗道)란 사람이 내게 말하기를, "안시성주의 성명은 양만춘이다. 당 태종 『동정기東征記』에 보인다." 하였다. 얼마 전 감사 이시발(李時發)을 만났더니 말하기를, "일찍이 『당서연의『唐書衍義』를 보니 안시성주는 과연 양만춘이었으며 그 외에도 안시성을 지킨 장수가 무릇 두 사람이었다." 하였다.

이때 이후 양만춘이라는 이름이 학자들에게 그대로 전하면서 안시성주의 이름으로 굳어졌다. 『월정만필』에 나오는 『동정기』나 『당서연의』가 현재 남아 있지 않은데, '연의'가 역사소설을 뜻하는 만큼 양만춘은 중국 명 대에 지어진 소설 속 이름일 가능성도 높다. 어쨌든 이 이름은 조선 후기 학자들에게 그대로 수용되었고 일제강점기에는 독립군의 사기를 올리는 이름으로 널리 알려졌다.

그런데 양만춘으로 알려진 안시성주의 성품은 어땠을까? 영화는 그를 안으로는 백성을 따뜻하게 품으면서 밖으로는 굽히지 않는 강철 같은 의지가 있는 인물로 그린다. 백성에 대한 그의 사랑이 구체적으로 어땠는지를 알 수는 없다. 하지만 '안시성 사람들은 그 집을 돌보고 아껴서 사람마다 자진해서 싸우므로 빨리 함락할 수 없다'는 『삼국사기』의 기록을 보면, 안시성 사람들이 외부의 적에 맞서 자신과 가족을 지키기 위해 똘똘 뭉친 것은 틀림없으며 이런 단결력을 이끌어 내는 성주의 통솔력이 상당했다고 짐작할 수 있다. 『삼국사기』에는 당 태종이 안시성주의 됨됨이에 대해 말하는 부분도 있다.

안시성은 성이 험하고 병력이 정예이며 그 성주가 재능과 용기가 있어 막리지의 난에도 성을 지키고 항복하지 않아, 막리지가 이를 공격하였으나 함락할 수 없어 그에게 주었다.

『삼국사기』 권21 고구려본기 9 보장왕

막리지는 고구려에서 가장 높은 관직인데, 여기서는 연개소문을 가리킨다. 안시성주는 642년에 연개소문이 영류왕을 죽이고 정권을 잡은 쿠데타를 인정하지 않고 그에게 굴복하지 않은, 절개 있는 사람이었다. 그러기에 영류왕을 위한 복수를 명분으로 전쟁을 일으켰던 당 태종이 물러가면서 비단 100필을 주며 격려한 것이다.

기개를 굽히지 않는 의지의 상징, 안시성

고구려가 망한 뒤에도 안시성에 대한 기록이 나타나는데, 당에 끈질기게 맞선 성 열한 곳 가운데 안시성이 있었다. 고구려 부흥 운동이 안시성을 중심으로 일어난 것이다. 고구려 부흥 운동은 안시성이 당군에게 제압되면서 그 불길이 사그라져 버린다. 당시 성주가 당 태종 침입 때의 성주와 같은 사람인지는 알 수 없으나, 안시성과 그 성주가 기개를 굽히지 않는 의지의 상징이었다는 것은 분명해 보인다.

한편 영화에서처럼 당 태종이 안시성주가 쏜 화살에 눈을 맞았는지도 궁금한 대목이다. 일단 공식적인 사서에는 그런 기록이 없다. 당 태종이 안시성에서 성주의 화살로 눈에 부상을 입었다는 이야기는 오랫동안 민간에 구전되다가 고려 후기 학자인 이색(李穡, 1328~1396)의 시 「정관음貞觀吟」과 이곡(李穀, 1298~1351)의 시문집 『가정집稼亭集』에 기록되었다. 당시 고려가 원의 간섭을 받고 있었다는 점을 생각해 보면, 고려 학자들이 민족의 자존심을 키우기 위해 안시성주 이야기를 적극적으로 기록한 것 같다.

안시성의 위치는 지금까지 정확하게 확정하지 못하고 있다. 『삼국사기』 지리지(地理志)는 안시성의 원이름이 '안촌홀(安寸忽)'이라는데, 이 지명이 가리키는 곳으로 요동의 몇몇 지역이 거론되었다. 이 중 현재 중국 둥베이의 랴오닝성에 속하는 하이청(海城) 동남쪽에 있는 영성자산성(英城子山城)을 안시성으로 추정하는 견해가 가장 유력하다.

안시성은 우리 역사 중 위기나 변화의 상황에 자주 거론되면서 민족의 저력을 확신하게 한 대명사다. 2018년에 영화 〈안시성〉이 500만 명을 훌쩍 넘는 관객에게 호응을 받은 것도 역사 영화의 현재성을 생각해 볼 때 우연만은 아닌 듯하다.

2

동아시아의 대국 고구려는
어떻게 멸망했나

– 평양성 –

2011년에 개봉한 영화 〈평양성〉(감독 이준익)은 2003년에 나온 영화 〈황산벌〉의 속편 격이다. 7세기 신라의 삼국통일 과정을 배경으로 한 이 두 영화 중 전작 〈황산벌〉은 백제를 무너뜨리는 이야기이고, 〈평양성〉은 고구려의 멸망을 다루고 있다.

〈평양성〉은 전투하는 병사들이 각 지역 사투리를 걸쭉하게 쓰는 등 전작 〈황산벌〉의 재미 요소를 많이 가져왔다. 또 영화 〈황산벌〉에서 백제 병사로 징발되어 왔다가 계백(階伯, ?~660)으로부터 무슨 일이 있어도 살아 돌아가야 한다는 임무를 받고 유일하게 고향에 돌아가는 거시기(이문식 분)도 다시 등장한다. 〈평양성〉에서 거시기는 신라 병사로 징발되어 왔다가 고구려 포로가 되고, 그곳에서 사랑을 찾는 행복의 상징으로 표현되어 있다.

영화는 전작 〈황산벌〉에 이어 어떤 상황에서도 인간은 살아야

▌ 영화 〈평양성〉에서 연개소문과 그의 세 아들. 남생·남건·남산의 모습. 연개소문 생전의 고구려는 강력한 군사력을 바탕으로 동아시아에서 중국과 어깨를 나란히 하는 국력을 자랑했다.

하고, 살아간다는 주제도 그대로 전한다. 또 전작에 비해 많은 이야 기를 다루려 한 탓인지 다소 산만하고 정리가 안 된 느낌이 있지만, 할리우드 스펙터클과는 다른 우리나라식 공성전의 소박함에서 재 미를 느끼게 하고, 백제에 비해 잘 알려져 있지 않던 고구려의 멸망 과정을 코믹하지만 뼈아프게 그려 냈다.

.

당나라도 넘보지 못한 강국, 고구려

고구려는 평양성이 함락되면서 역사에서 사라졌다. 『삼국사기』

는 고구려의 마지막을 이렇게 기록했다.

9월에 이적은 평양성을 함락했다. (…) 평양성은 한 달 넘도록 포위되었다. 보장왕은 연남산과 수령 98명에게 백기를 들어 이적을 찾아 항복하게 하니, 이적은 이를 예로써 대접하였다. 그러나 연남건은 오히려 성문을 닫고 항거하며 번번이 군사를 내어 싸웠으나 모두 패하였다. 남건은 군사를 중 신성(信誠)에게 맡기니 신성은 소장(小將) 오사(烏沙), 요묘(饒苗)와 더불어 몰래 이적에게 사람을 보내 내응할 것을 정하고 5일 만에 성문을 열어 놓았다. 이에 이적은 군사를 내어 성에 올라 북을 울리고 소리를 지르며 불을 놓아 태웠다. 남건은 손수 자살하려 하였으나 죽지 못하였고 포로가 되었다.

『삼국사기』 권22 고구려본기10 보장왕

645년 안시성 싸움에서 당 태종을 혼쭐내고 그가 앞으로 다시는 고구려에 싸움을 걸지 말라는 유언까지 하게 만든 고구려가 겨우 20여 년 만에 멸망하게 된 가장 직접적인 원인은 연개소문의 세 아들이 분열한 데 있었다.

역사적 평가가 극과 극을 달리기는 하지만, 고구려 말에 정국을 주도한 연개소문은 강력한 카리스마가 있었다. 그는 대대로 막리지 관직을 세습하는 가문에서 태어나 쿠데타를 통해서 권력을 잡았다. 고구려의 영류왕과 대신들은 연개소문의 성품이 두려워 그를 죽이려 모의했는데, 이를 먼저 눈치챈 연개소문이 쿠데타를 통해서 정권을 탈취하고 영류왕의 조카인 보장왕을 허수아비 왕으로 내세운 것이다. 이때부터 연개소문은 대막리지를 자처하며 절대 권력을 행사했다.

연개소문 생전의 고구려는 강력한 군사력을 바탕으로 동아시아에서 중국과 어깨를 나란히 하는 국력을 자랑했다. 외교적인 면에서는 당시 중국에 있던 당에 강경책을 전개했다. 그 전의 고구려는 당이 건국된 이후 줄곧 온건한 외교정책을 펴 왔는데 연개소문이 집권하면서 강경책으로 전환한 것이다. 연개소문은 막강한 군대로 고구려 전체를 통제했을 뿐만 아니라 그가 건재하는 한 당도 감히 넘볼 수 없는 나라로 만들었다.

비록 정권을 잡는 과정에서 문제가 있었고 반발도 많았으나, 그만큼 강력한 카리스마로 오랫동안 권력을 쥐고 있던 연개소문이 665년에 죽고 나자 고구려에는 권력의 커다란 공백이 생겼다. 연개소문의 뒤를 이어 대막리지에 오른 자는 큰아들 연남생(淵男生, 634~679)이다. 영화는 마치 연개소문이 큰아들 남생(윤제문 분)을 싫어하고 둘째 아들 남건(淵男建, ?~?. 류승룡 분)을 총애해 그에게 힘을 실어 준 듯이 그렸지만, 실제로 남생은 어렸을 때부터 준비된 후계자였다. 그는 과거를 거치지 않고 조상의 공훈이나 음덕으로 특별한 대우를 받아 관직이나 벼슬을 얻는 음보(蔭補)를 통해 아홉 살에 고구려 말기의 14관등 중 11등급에 해당하는 중리소형 관직에 올랐고, 7등급에 해당하는 중리대형을 거쳐 5등급인 중리위두대형까지 승진해 아버지 연개소문 아래에서 차세대 권력자로 교육받으며 성장했다. 그러니 연개소문이 죽고 나자 바로 그를 이어 고구려 제1의 권력자가 된 것이다. 그러나 남생은 연개소문이 물려준 권력을 이어받기만 했을 뿐 아버지만큼 권력을 장악할 힘은 없었다.

연개소문의 무능한 세 아들

영화 〈평양성〉에서는 연개소문의 사망부터 평양성 포위까지를 거의 연속적인 사건으로 묶었지만, 사실 그사이에는 3년이라는 시간이 있었다.

남생은 대막리지가 되자마자 남동생인 남건과 남산(淵男産, 639~702)에게 중앙정부의 일을 맡겨 두고 일인자의 카리스마를 확보하면서 잦은 전쟁으로 흉흉해진 민심을 수습하기 위해 고구려의 지방을 순시했다. 그러나 이 순행은 잘못된 선택이었다. 연개소문이 가졌던 강력한 힘이 세 아들에게 나누어지면서 그들 사이에 갈등이 일어났기 때문이다.

우선 외교적인 면에서 세 형제는 의견을 달리했다. 남생은 당에 대한 외교정책에서는 아버지 연개소문과 달리 온건책을 취하려 했고, 남건과 남산은 아버지의 유지(遺志)를 이어받아 강경책을 주장했다. 하늘 아래 권력은 둘로 나눌 수 없으며 셋으로 나누는 것은 더더구나 불가능한 일이다. 남생은 권력 확보를 위해 지방을 돌면서도 평양에 남은 남건과 남산을 믿지 못했고, 평양성의 두 아우도 형을 못 믿기는 마찬가지였다. 그 사이에 이간질을 통해 힘을 키워보려는 사람들이 끼어들면서 형제들은 그만 등을 돌리고 말았다.

먼저 의심을 시작한 쪽은 평양성의 두 아우, 남건과 남산이다. 남건과 남산은 형 남생이 자신들을 제거하려고 힘을 모으고 있다는 무고(誣告)를 믿고 허수아비 왕인 보장왕의 명령을 핑계 삼아 남생을 평양성으로 소환했다. 그러나 남생은 두 동생의 소환에 불응했다. 지방 순회 도중 국내성(國內城: 고구려의 두 번째 수도. 지금의 둥베이 지린성 吉林省 지안현集安縣과 그 배후의 산성을 포함한 지역으로 추정한다)에 머물던 남생은 남건이 아들 헌충(淵獻忠, ?~665)을 죽이고 자신마저 죽이기 위해 토벌대를 보냈다는 소식을 들었다. 동생이 자신을 배신했다고 생각한 남생은 분노에 차 가장 나쁜 선택을 하고 만다. 배신감과 알량한 권력욕에 사로잡혀 나라를 배반한 것이다.

『삼국사기』는 남생이 순후하고 예의가 있었으며, 윗사람을 대해 말을 잘하고, 민첩하며 활 쏘는 재주도 뛰어났다고 기록하고 있다. 그러나 그의 이런 장점은 동생들의 배신 앞에서 맥을 추지 못했다. 그는 동생들에 대한 분노로 눈이 멀어 나라의 앞일을 제대로 보지 못했고, 자신의 몸을 지키기 위해 서슴없이 당을 끌어들였다.

666년 6월, 남생은 국내성과 자신의 세력권에 있던 6개 성 10만

| 영화 〈평양성〉에서 공성전을 벌이는 모습.

호의 백성과 말갈, 거란의 무리들을 이끌고 당에 항복했다. 그리고 당으로부터 '평안도행군대총관 겸 지절안무대사'라는 관직을 받았다. 이로써 그는 한때 자신이 다스렸던 나라 고구려의 멸망을 인도하는 앞잡이로 변신했다.

고구려 권력층이 분열되어 국력이 약해지고 약점이 노출되자 당과 신라는 절호의 기회를 잡는다. 이들 나당 연합군은 고구려로 물밀듯 쳐들어갔다. 668년 7월 말 당의 선발대가 먼저 평양성 외곽에 도착했고, 곧이어 신라군도 평양 근교에서 고구려군을 대파하고 평양성에 다다랐다. 나당 연합군은 그 후 한 달간 평양성을 포위하고 항복을 요구했다.

영화에서는 평양성 포위 때 남생이 성안에 있었지만 남생은 처음부터 성 밖에서 평양성 공격에 큰 힘을 보태고 있었다. 전쟁터를 돌아보고 간 시어사(侍御史) 가언충(賈言忠)에게 당 고종이 전쟁의 승리 여부를 물어보자, 가언충은 남생이 이미 고구려의 사정을 당나라에 훤하게 알려 주고 있기 때문에 승리는 떼어 놓은 당상이라고 장담할 정도였다.

남생의 배신으로 고구려가 궁지에 몰리자 곧이어 남건과 남산의 사이도 벌어졌다. 남생을 내쫓고 남건이 대막리지가 되자 이에 불만을 품은 남산은 연개소문이 세운 허수아비 보장왕과 손을 잡았다. 남산은 평양성에서 버티고 있는 남건 몰래 보장왕과 의논해 수령 98명을 데리고 먼저 당에 항복해 버렸다.

천년 대국이 무너지다

남산이 항복한 뒤에도 남건은 한동안 평양성의 문을 굳게 닫고 항거했다. 나당 연합군은 평양성이 바라다보이는 사수(蛇水)에 집결했다. 성이 포위되자 급박해진 남건은 성 밖에서 일대 결전을 치러 포위를 풀려 했으나, 기병의 약세 탓에 실패하고 말았다. 신라군의 적절한 전술과 맹렬한 공격은 고구려 군영을 쉽게 무너뜨렸고, 이를 지켜보는 평양성 안의 사기는 땅에 떨어졌다. 형도 동생도 모두

▌ 고구려 무용총 벽화. 천년 역사를 가진 동아시아의 대국 고구려는 연개소문이 남긴 세 아들의 분열 때문에 멸망했다.

떠나보낸 남건은 그 수하마저도 제대로 단속하지 못했는지, 패배의 전운이 감돌던 평양성 안에서 또 다른 배신자가 나왔다. 이번에는 결정타였다. 남건의 심복인 승려 신성(信誠, ?~?)이 평양성의 문을 열어 버린 것이다. 신라군 기병 500명이 먼저 평양성 안으로 들어서 길을 열어 놓자 당군이 한꺼번에 몰려들어 마침내 평양성은 함락되고 말았다.

남건은 권력을 탐해 형 남생을 내쫓고, 동생 남산의 마음을 아우르지 못한 채 최고 권력자가 되었다. 그러나 아버지에게서 후계자로 지목받지 않았기에 정통성이 취약했고, 따라서 권력 장악력도 부족했다. 그것이 평양성 전투의 가장 큰 실패 원인이었다.

남건에 대한 많지 않은 역사 기록으로 유추해 보면, 영화 속의 제법 멋있고 의로운 모습과 꽤나 다른 사람이 그려진다. 남건은 동생과 부하가 그의 학정을 견디지 못하고 적에게 항복할 정도로 폭군이기도 했고, 그들이 투항하는 사실을 사전에 눈치채지 못할 만큼 둔하기도 했다. 또 전세를 제대로 파악하기보다는 고집을 부리며 의기만을 내세웠기 때문에 적절한 시기에 몸을 사려 재기할 기회도 놓쳐 버렸고, 급기야 자결을 시도하지만 이도 제대로 이루지 못했다. 남건은 능력도 없으면서 권력자의 자리에 올라 나라를 망친 배신자 남생, 남산과는 또 다른 의미에서 고구려에 해악을 끼친 마지막 권력자다.

큰 나무 아래에 있는 작은 나무는 잘 자라지 못하듯이, 연개소문의 세 아들은 너무 강력한 아버지 밑에서 사나운 욕심만 배우고 그 외의 다른 장점들은 배우지 못했다. 이들은 각자 자기 잇속 차리기에 급급해 천년 역사를 가진 동아시아의 대국 고구려를 한 번에 털어먹고 모두 중국으로 갔다. 남생과 남산은 항복의 대가로 당의 관직을 얻었고, 남건도 유배되었을 뿐 죽지는 않았다.

영화는 대국 고구려의 멸망과 나당 연합군의 씁쓸한 승리라는 역사의 큰 물줄기를 그려 가는 가운데, 거시기라는 인물로 대표되는 민초에 대한 관심을 놓지 않는다. 가짜 명분과 살육의 전쟁 한가운데서도 살아 있음의 숭고함을 등장인물 거시기를 통해 표현한 것이다. 이 영화를 다 보고 나면 주인공은 역사를 좌지우지하던 남건

이나 김유신(金庾信, 595~673)이 아니라 거시기라고 여겨질지 모른
다. 역사는 이름난 영웅이 아니라 이 땅에 발붙이고 사는 사람들이
피와 땀으로 만들어낸 결과이기 때문이다.

3
–
고려 왕실의
핏빛 스캔들

- 쌍화점 -

유하 감독의 영화 〈쌍화점〉(2008년 개봉)은 고려 말 원의 간섭기, 고려 왕실을 배경으로 한 격정 애정극이다.

〈쌍화점〉은 역사적 소재를 다룰 때 자주 배경으로 삼는 조선 시대를 벗어나 고려 말 상황을 화려하게 재현하면서 시각적 신선함을 주었고, 실제 역사를 재해석해 치열한 치정극을 만들어 낸 점에서 매우 의미 있는 영화다.

고려가요 〈쌍화점〉과 남녀상열지사

영화 제목 〈쌍화점〉은 원래 고려가요 제목이다. 고려가요 〈쌍화점〉은 충렬왕(忠烈王, 재위 1274~1308) 즈음에 지어진 이후 궁중 연회에서 자주 불린 노래라고 한다. 영화에서도 왕(주진모 분)이 이 노래를 부르는 장면이 나온다.

쌍화는 만두, 쌍화점은 만두 가게를 뜻하며 노래 1절의 배경이라 제목이 되었다. 1절은 이렇다.

쌍화점에 쌍화 사러 가고신댄

회회(回回)아비 내 손목을 쥐여이다

이 말씀이 이 점(店) 밖에 나명들명

다로러거디러

조그마한 새끼광대 네 말이라 하리라

더러둥셩 다리러디러 다리러디러 다로러거디러 다로러

그 자리에 나도 자러 가리라

위 위 다로러거디러 다로러

그 잔 데같이 젊거츠니(지저분하고 거친 곳) 없다

(…)

여기서 회회아비란 잘 알려져 있듯이 고려 시대에 우리나라에 건너온 아랍 상인을 말한다. 고려는 개방적인 나라였고, 특히 원의 간섭기에는 중국과 빈번한 교류가 있어 대륙으로부터 다종다양한 민족이 한반도로 들어왔다. 아랍 사람인 회회아비가 개성의 중심에 만두 가게를 차렸다는 사실만으로도 고려가 외국인에 대해 상당히 열린 사회였다는 것을 알 수 있다.

〈쌍화점〉은 전 4장으로 구성되어 있는데, 노래의 대상에 따라 장이 바뀐다. 1장은 회회아비가 주인공이고, 이어 삼장사(三藏寺)의 사주(社主), 우물의 용(龍), 술집 아비가 주인공으로 등장한다. 사례와 대상이 다를 뿐, 가사의 내용은 모두 남녀의 성적인 행각에 대한 것이다.

원래 〈쌍화점〉에서는 현재 전하는 것보다 남녀의 애정 행위가 훨씬 더 노골적으로 표현되었다고 한다. 이런 노래가 궁중 연회에서 공식적으로 불렸다니, 고려가 성적인 면에서 어느 정도로 개방적이었는지 짐작할 수 있다. 그러나 성리학적 이데올로기를 표방한 조선이 들어서고 사대부들이 고려 음악을 정리하는 과정에서 그 전의 고려가요는 남녀상열지사(男女相悅之詞: 남녀가 어울려 서로 즐기는 노래) 또는 음사(淫辭)라 하여 정리, 편찬되지 못했다. 운 좋게 살아남아 오늘날까지 전해지는 노래도 가사가 많이 순화되었다고 한다.

얼핏 영화 내용과 관련 없어 보이는 〈쌍화점〉을 영화 제목으로 한 것은 고려가 배경인 남녀상열지사 영화라는 것을 말하기 위해서일 테다. 영화의 중심 이야기는 왕과 왕비 그리고 호위 무사 사이에서 벌어진 묘한 삼각 애정 관계인데, 이 영화의 모티브가 된 것은 고려 31대 왕 공민왕(恭愍王, 재위 1351~1374)의 실제 시해 사건이다.

영화에서는 주인공 왕을 공민왕이라고 콕 집어 밝히고 있지는 않다. 하지만 시대적 배경과 『고려사高麗史』에 남아 있는 공민왕에 대한 기록, 왕을 호위하는 청년 무사의 존재, 원의 공주 출신 왕비, 공민왕 시해 사건 전후의 일 등을 보면 공민왕 때의 일을 영화의 소재로 많이 차용했다는 것을 알 수 있다. 영화는 역사적 사건의 순서를 재배열하고, 인물을 재해석하고, 상상력을 극대화해 매우 격렬한 사랑 이야기를 새롭게 만들어 냈다.

그렇다면 영화 〈쌍화점〉의 내용과 실제 역사적 사실은 얼마만큼 비슷하며 또 얼마만큼 다를까?

원의 부마국이 된 고려

실제 공민왕의 첫 비는 원의 공주인 보탑실리(寶塔失里, 노국대장공주)다. 고려는 칭기즈칸(成吉思汗) 이후 대제국이 된 원이 쳐들어오자 100여 년간 항쟁했지만 결국 무릎을 꿇고 원의 부마국이 되었다. 보통 원은 다른 나라를 칠 때 완전 복속시키는 것을 목표로 했는데 고려가 그나마 독립을 보장받고 부마국이 될 수 있었던 것은 100년에 걸친 항쟁 덕분이다. 부마국이 된다는 것은 고려 왕실이 원 황실의 사위 집안이 된다는 의미로, 고려 25대 충렬왕부터 31대 공민왕까지 원의 공주들과 결혼했다.

원 황실이 공주들을 고려 왕들과 결혼시킨 것은 인척의 연을 맺는다는 의미도 있었지만, 고려에 대한 내정간섭을 원활하게 하기

| 작자 미상, 〈공민왕과 노국
공주〉, 국립고궁박물관. 공민
왕의 왕비였던 보탑실리(노국
대장공주)는 정략결혼을 했지
만 원의 공주보다는 고려의 왕
비로 살았다.

위한 경우가 많았다. 고려로 시집온 원의 공주들은 고려의 왕비라
기보다는 원을 대표하는 외교적인 감시자, 즉 스파이 역할이 컸기
때문에 고려 왕과 부부 관계가 원만하지 않은 경우가 허다했다. 그
러나 공민왕의 비였던 보탑실리는 정략결혼을 했지만 공민왕과 돈
독한 애정을 쌓았으며, 원의 공주보다는 고려의 왕비로 살았다.

공민왕은 원나라에 볼모로 가 있던 스무 살 시절에 보탑실리와
결혼했다. 보탑실리의 친정은 고려 왕자 중 한 명에 불과한 강릉대
군(江陵大君) 왕기(王祺)가 고려 왕이 되는 데 큰 힘을 보탤 만큼 세력

있는 집안이었다. 보탑실리의 아버지 위왕(魏王)은 원의 황제 명종과 문종의 사촌으로 황실의 최측근이었다.

결혼 후 불과 2년 만에 고려 왕으로 등극한 공민왕은 보탑실리와 함께 고려로 돌아왔다.

보탑실리와 살던 시기에 공민왕은 그 전의 고려 왕들이 보여 준 성적인 방종은커녕, 흔한 후궁 하나 들이지 않고 오로지 보탑실리만을 사랑했다. 결혼하고 10년간 후사가 없자, 신하들의 간곡한 청으로 마지못해 이제현(李齊賢, 1287~1367)의 딸을 두 번째 왕비(혜비)로 들였지만 공민왕은 그녀를 돌아보지도 않았다. 보탑실리 또한 공민왕에게 극진해, 친정인 원과 인연을 끊고 고려를 바로 세우려는 공민왕을 적극 지지했다. 그즈음 그녀의 아버지 위왕이 원 황실에서 권세를 잃어버린 것도 이유였겠지만, 보탑실리는 그 이상으로 공민왕의 정책을 지지했다.

결혼 15년 만에 첫아이를 임신한 보탑실리가 출산 과정에서 난산으로 이승을 등지자 공민왕은 거의 공황 상태에 빠졌다. 깊은 슬픔에 빠진 공민왕은 정치에 대한 흥미를 아예 잃어버리고 식음을 전폐한 채 자신이 직접 그린 보탑실리의 초상화 앞에서 울기만 했다. 보탑실리가 죽은 뒤 8년간 공민왕은 비탄에 빠져서 아무것도 돌보지 않았다. 공민왕의 어머니인 명덕태후가 보다 못해 그에게 다른 비빈을 권하기도 했지만, 그에게서 돌아온 답은 '공주만 한 여자가 없다'였다고 한다. 공민왕에게 보탑실리는 그를 왕으로 만들어 주고, 그의 뜻을 지지해 준 인생의 은인이자 반려자 이상의 존재였던 것이다.

영화 〈쌍화점〉에서도 왕비는 원의 공주 출신이며, 왕의 개혁적이고 독립적인 정책을 지지하는 정치적 동반자로 나온다. 다만 그이름이 보탑실리에서 연탑실리로 조금 바뀌었고, 두 사람의 관계는 실제 공민왕과 보탑실리와 달리 남녀 간의 애틋한 애정관계는 아니었다고 설정되어 있다.

고려 왕실의 핏빛 스캔들

영화에서 왕이 사랑하고 왕비와도 사랑하게 되어 삼각관계의 중심에 있던 호위 무사 홍림(조인성 분)은 공민왕 대에 실존한 홍륜(洪倫, ?~1374)에 기초해 만든 인물로 보인다. 홍륜은 공신의 자제로, 공민왕의 어머니 명덕태후와 같은 남양 홍씨(南陽洪氏) 집안이었다. 공민왕을 모시던 시기, 홍륜은 이미 기혼자로서 내로라하는 귀족 가문의 자제였다.

공민왕은 홍륜과 같은 귀족 집안의 자제들을 모아 친위세력을 만들었다. 이 청년 호위 무사 집단의 이름을 영화에서는 '건룡위'라고 했는데, 실제는 '자제위(子弟衛)'였다. 또 영화에서는 왕이 청년 시절에 건룡위를 만들고 이들과 무예를 익히는 것으로 나오지만, 실제 공민왕은 청년 시절의 대부분을 원에서 인질로 보냈고 청년 무사 집단을 만든 것은 나이 사십 줄에 들어서면서부터다. 그리고 보탑실리는 이미 7년 전에 죽은 상태였다.

그렇지만 실존 인물 홍륜과 공민왕, 그리고 왕비 사이에 매우 기묘한 삼각관계가 있었던 것은 사실이다. 다만 이때 왕비는 보탑실리가 아니라 익비(益妃)라는 고려 왕족 출신의 여인으로 현종의 14대손 덕풍군의 딸이었다.* 고려 왕실은 제도적으로 후궁뿐만 아니라 왕비도 여럿 둘 수 있었다. 공민왕은 보탑실리 살아생전에는 신하들의 청으로 혜비 한 명만을 후비로 두었지만, 보탑실리가 죽은 뒤 익비와 신비 등을 후비로 들였다.

이즈음 공민왕은 보탑실리와 함께한 결혼 생활에서처럼 성적으로 담백한 남자의 모습이 아니었다. 『고려사』의 기록을 보면, 말년의 공민왕은 자제위의 청년들과 통정하는 양성애자였으며 여자 옷을 즐겨 입고 타인의 성행위를 관음하기까지 했다고 한다. 영화에서처럼 익비는 홍륜의 아이를 가졌다. 그리고 이 임신이 공민왕 시해 사건의 결정적 원인이 된다.

● 익비라는~덕풍군의 딸이었다: 고려는 왕실 내 근친혼을 행했다. 원에 복속하기 전부터 왕실의 여인들이 대부분 고려의 왕비가 되었다. 다만 대외적으로 같은 성씨끼리 결혼한다는 사실이 유교적 이치에 맞지 않아, 왕비가 되면 외가의 외가 정도에 해당하는 집안의 성으로 바꾸기도 했다. 고려 중기 이후에는 왕실의 여인뿐만 아니라 귀족 집안의 여인이 왕비가 되기도 했는데, 이제현의 딸 혜비나 공민왕의 어머니 명덕태후 남양 홍씨 등이 그런 경우다. 그러나 고려 말에도 여전히 근친혼 형태로 왕실의 여인을 들이는 경우가 많았다. 공민왕의 비였던 익비도 왕실의 여인이었다.

▌영화 〈쌍화점〉에서 왕과 홍림은 각별한 사이로 나온다. 『고려사』의 기록을 보면, 말년의 공민왕은 자제위의 청년들과 통정하는 양성애자였으며 여자 옷을 즐겨 입기도 했다고 한다.

영화에서 왕은 홍림을 사랑하고 왕비에게는 인간적인 신뢰가 있다. 후사가 없다는 이유로 강하게 내정을 간섭하는 원을 막기 위해 실행한 기묘한 고육지책, 즉 왕비에게 홍림의 아이를 가지게 하려던 계획이 애정 구도를 재편하면서 세 사람의 관계는 파국으로 치닫는다. 그리고 왕은 홍림의 아이를 후계자로 만들겠다고 선언하고, 이 출생의 비밀을 알고 있는 사람들을 모조리 죽인다. 이 과정에서 홍림은 어린 시절부터 흠모하고 따르던 왕을 배신하고 왕비에 대한 사랑을 택하면서 왕을 죽인다.

실제 역사에서 홍륜과 익비가 영화에서처럼 절절하게 사랑하는 사이였는지는 알 수 없다. 하지만『고려사』에서 처음에는 왕의 명령으로 하는 수 없이 홍륜과 동침했던 익비가 '홍륜이 왕명을 핑계 대며 여러 번 왕래하여도 그것이 거짓인 줄 알면서도 거절하지 않아 결국 임신하였다'고 한 것을 보면, 두 사람이 왕의 눈을 속이며 밀회를 거듭해 아이를 가지게 된 것은 사실이다.

영화 속 홍림과 왕의 결말은 매우 슬프고도 안타깝다. 실제『고려사』에 남아 있는 공민왕의 최후는 섬뜩할 만큼 현실적이고 잔혹하다. 영화에서처럼 실제 공민왕도 홍륜과 익비 사이에서 생긴 아이를 자신의 후계자로 삼으려고 했다. 그리고 두 사람의 은밀한 관계를 아는 사람들을 모두 죽이려고 했다. 그러자 이를 알게 된 내시 최만생(崔萬生, ?~1374)이 아이의 아버지인 홍륜과 자제위의 청년들에게 이를 알렸다. 목숨이 위태로웠던 그들은 이때까지 모셨던 왕을 배반하고 즉각적으로 시역(弑逆: 신하가 임금을 죽이는 일)에 참가하였다. 왕이 술에 취해 잠든 틈에 침전에 들어간 홍륜과 동료들은 뇌수가 벽에 튀어 붙을 때까지 왕을 칼로 내리쳐 죽였다.

공민왕 시해 사건은 수사를 맡은 이인임(李仁任, ?~1388)을 통해 범인이 밝혀지고, 홍륜과 그 동료들은 자신은 물론이고 일족이 멸문(滅門: 가문이 없어짐)을 당하는 화를 입었다. 이인임은 공민왕 시역 사건을 해결하면서 권세를 잡고 공민왕의 아들인 모니노(牟尼奴)를 우왕(禑王, 재위 1374~1388)으로 올리면서 고려 말 정국을 주도했다.

오늘날 일부에서는 홍륜의 공민왕 시역 사건이 이인임의 사주로

▌ 공민왕의 〈천산대렵도〉를 재현한 영화의 한 장면. 공민왕의 죽음을 둘러싼 핏빛 스캔들은 당시 정치적 상황에 휩쓸려 영화가 그리는 것처럼 잔혹하지만 처절하게 아름다운 결말을 맺지는 못했다.

일어났거나 이인임이 저지른 일을 홍륜이 뒤집어썼을 수도 있다는 이야기를 한다. 그도 그럴 것이 공민왕의 죽음으로 가장 덕을 본 사람이 이인임이기 때문이다. 당시 이인임은 승려 신돈(辛旽, ?~1371)과 손을 잡고 한때 권세를 누리다가 공민왕의 재기와 함께 실각의 위기에 처해 있던 터다. 그런 그를 궁지에서 놓여나게 해준 것이 바로 공민왕의 죽음이다. 왕이 죽었을 때 내시들이 다른 사람을 부르지 않고 개경 밖에 쫓겨나 있던 이인임을 불러들여 수사하게 한 것도 그런 정황을 뒷받침하고, 왕을 죽인 홍륜 일파가 이인임이 올 때까지 도망치거나 반란을 꾀하지 않은 채 손을 놓고 있었다는 점도 그런 의혹을 더욱 짙게 한다. 공민왕이 죽은 뒤 이인임은 꽤 오랜 기간 우왕을 끼고 갖가지 횡포를 저지르다가 최영(崔瑩, 1316~1388)과 이성계(李成桂, 1335~1408)의 반격으로 결국은 실각하고 만다.

영화에서는 공민왕이 죽은 뒤 왕비의 일은 나오지 않지만, 실제 역사에서 익비는 폐서인(廢庶人: 벼슬이나 신분적 특권을 빼앗아 서민이 되게 함. 또는 그렇게 된 사람)이 된 후 사가(私家)에서 홍륜의 아이를 낳았다. 딸이었다. 다른 집에 맡겨져 자란 이 여자아이는 홍륜의 자식이 분명한데도 훗날 왕위를 위협한다는 이해할 수 없는 이유로 죽임을 당했다.

공민왕 사후, 고려 왕실은 재기의 기회를 잃고 새로 부상한 무장 세력인 이성계에게 왕권을 넘긴다. 공민왕의 죽음을 둘러싼 핏빛 스캔들은 당시의 정치적 상황에 휩쓸려, 영화처럼 잔혹하지만 처절하게 아름다운 결말을 맺지는 못했다.

4

수양대군은
피도 눈물도 없는 악한인가

-관상-

2013년에 개봉해 1000만에 육박하는 흥행 기록을 세운 영화 〈관상〉(감독 한재림)은 조선 전기 세조(世祖, 재위 1455~1468)의 왕위 찬탈이라는 역사적 사실에, 현재도 유효한 민속학적 소재인 관상(觀相)을 결합하여 관객의 흥미를 이끌어 내는 데 성공했다.

관상은 현재에도 여전히 점복(占卜)과 함께 우리나라 사람들이 운명을 내다보고자 할 때 자주 의지하는 분야다. 영화는 타고난 역적의 상을 보기만 해도 알 수 있는 뛰어난 관상가를 통해, 역사의 흐름을 바꾸어 보려 한 민초의 노력과 좌절을 그리고 있다.

우리나라 관상학의 역사

영화는 관상을 기가 막히게 잘 보는 주인공 내경(송강호 분)과 그의 가족 이야기에서 시작한다. 관상쟁이 내경은 오래전부터 신분을 숨기고 산속에 숨어 살면서 집안을 다시 일으킬 기회를 엿본다. 이로 볼 때 그는 양민은 아니고 몰락한 상류층의 자손으로 설정된 듯한데, 산속에 숨어 사는 연유는 특별히 드러나지 않는다. 다만 영화의 배경이 조선 초기로 제5대 왕 문종(文宗, 재위 1450~1452) 연간이기 때문에, 조선의 개국과 관련해 몰락한 고려 귀족 가문이거나 태

종 시기 왕권 강화 과정에서 된서리를 맞은 사대부 가문 정도로 짐
작해 볼 수 있다.

영화에서는 내경이 어떻게 관상에 도가 텄는지 설명하지 않는
다. 우리나라에서 관상은 주로 불교계에서 명맥을 이어 왔기 때문
에, 내경 또한 산속 도망 생활 중 절에서 관상학을 익혔다는 식으로
설정했다면 어땠을까 하는 생각도 든다.

관상학은 원래 인류의 탄생과 더불어 인간의 생김을 살피고 분
류하고 통계를 내면서 각 나라에서 발전해 온 듯하지만, 동아시아
에서 이를 이론적으로 정립하고 문헌으로 남긴 것은 중국이 처음이
다.

요순시대(堯舜時代)에 이미 용모를 보고 관료를 뽑았다는 기록이 있어, 중국에서는 이때부터 이미 관상학이 쓰였으리라고 보인다. 그 뒤 춘추시대(春秋時代, 기원전 770~403)에 진(晉)의 고포자경(姑布子卿)이 공자(孔子, 기원전 551~479)의 상을 보고 장차 대성인이 되리라고 예언한 것이나, 전국시대(戰國時代, 기원전 403~221)에 위(魏)의 당거(唐擧)가 관상학으로 이름이 높았다는 기록이 있으니, 기원전부터 관상학은 이미 문헌화되어 널리 쓰였을 것이다. 그러나 안타깝게도 이 시기의 문헌은 전하지 않는다.

그러다가 남북조시대(南北朝時代, 420~589)에 남인도 출신 달마(達磨, ?~534?)가 선종(禪宗)을 일으키면서 인간의 얼굴을 보고 그 인생을 예측하는 『달마상법達磨相法』을 정리했는데, 이때부터 관상학이 문헌으로 남아 전하게 되었다. 이를 통해 인도에서도 관상학이 쓰였음을 알 수 있다.

그 후 관상학은 송(宋) 초기에 마의도사(麻衣道士)가 『마의상법麻衣相法』을 남겨, 또 다른 차원에서 정리된다. 도사(道士)가 정리한 만큼 『마의상법』에는 도교 사상이 담겨 있다. 도교계의 『마의상법』은 불교계의 『달마상법』과 더불어 오늘날까지 관상학의 근간이 되고 있다.

중국의 관상학은 신라 때 한반도에 유입되었다. 그 전에도 우리나라 나름의 관상학이 있었겠지만, 중국의 관상학을 받아들임으로써 더욱 체계화되었다. 신라에 들어온 관상학은 시기적으로 볼 때

▎불교계의 『달마상법』과 도교계의 『마의상법』은 관상학의 쌍벽을 이루어 오늘날까지 관상학의 근간이 되고 있다.

불교계의 관상학으로 추정된다. 『마의상법』이 송(960~1279) 초기에 정리되었으니, 신라(기원전 57~기원후 935) 때라면 아직 나오기 전이 기 때문이다.

이때부터 우리나라 관상학은 주로 불교계에서 그 명맥을 이어 왔고, 고려 시대에는 승려 혜징(惠澄)이 관상가로 유명했다. 조선 시 대에도 관상학은 산사(山寺)에서부터 시정(市井)에 이르기까지 끊임 없이 유행했고, 이 전통은 오늘날까지 이어져 우리나라 사람들의 기본적인 정서 속에 면면히 흐르고 있다.

수양대군은 과연 역적의 상이었을까

그렇다면 영화 속에서 주인공 내경의 관상학은 주로 어떻게 쓰였을까?

내경은 김종서(金宗瑞, 1383~1453, 백윤식 분)의 청으로, 인재를 등용할 때 관상을 통해 그 자질을 알아보는 자리에서 일하게 된다. 이 과정에서 그는 역적의 상을 가려내는 사람으로 임명되고, 당시 왕권을 위협하던 수양대군(이정재 분)과 맞서게 된다.

영화는 역사적 사실을 그대로 차용하여 조카의 왕위를 찬탈한 수양대군, 즉 세조를 역적의 상으로 표현하고 있다. 역적의 상은, 뒤집어 보면 왕의 상이다. 왕위를 이어받을 세자의 상이 왕의 상이면 큰 분란이 없겠지만, 왕위를 이을 자격이 없는 자가 왕의 상을 가지면 역적이 되거나 쿠데타의 주인공이 된다. 수양대군이 역사상으로 보면 이렇게 애매하고 위태로운 위치에 있는 사람이었다.

조선의 7대 왕 세조는 세종(世宗, 제4대 왕, 재위 1418~1450)의 둘째 아들로 태어났다. 그는 호학(好學) 군주였던 아버지 세종이나 형 문종과 달리 무예에 능하고 활달한 성격이었다고 한다. 원래 그가 대군(大君: 조선 시대에 왕과 왕비 사이에서 태어난 아들은 대군으로, 후궁이 낳은 아들은 이보다 아래인 군君으로 봉했다)으로 봉해졌을 때 처음 얻은 이름은 진양대군(晉陽大君)이다. 그런데 세종이 이를 수양대군으로 고친다. 여기에서 세종이 수양대군의 성정과 그의 미래를 걱정했음을 알 수 있다.

수양대군의 '수양(首陽)'은 중국에 있는 수양산(首陽山)에서 따왔다. 백이(伯夷)와 숙제(叔齊)가 은거하다가 굶어 죽은 산이다. 백이와

| 〈관상〉에서 수양대군(이정재 분). 호학 군주였던 아버지 세종이나 형 문종과 달리 수양대군은 무예에 능하고 활달한 성격이었다고 한다.

숙제는 중국 고대 은(殷)의 주왕(紂王)을 주(周)의 무왕(武王)이 멸하자 신하가 천자를 토벌하는 것은 있을 수 없는 일이라면서 수양산에 들어갔다. 그리고 주에서 난 곡식을 먹지 않겠다 선언하고 고사리만 캐 먹다가 죽었다. 오랫동안 동아시아의 지식인들은 신하로서 충정을 지킨 백이와 숙제를 충신의 전형이자 따르고 배워야 할 성인으로 여겼다.

세종은 아들 수양대군이 장차 문종이나 손자 단종(端宗, 재위 1452~1455)에게 위협적인 존재가 될 것을 우려해 대군명을 수양으로 바꾸게 하고, 백이와 숙제의 고사를 이어 가라고 가르친 것이다.

그러나 아버지 세종의 이런 우려와 조치가 어쩌면 수양대군의 역심(逆心)을 키웠을지도 모른다. 생각지도 않았는데 "너는 그럴 수 있는 놈이니 그러지 마라." 하면 '어 그래? 나 그럴 수도 있는 거야?'라는 마음이 생겨날 수도 있으니 말이다. 세종은 수양대군의 이름을 바꾼 데 그치지 않고 집현전 학사들에게 아들 문종이 아닌 손자 단종을 보호해 줄 것을 죽기 전에 당부했다고 한다. 병약한 아들 문종이 자신을 따라 곧이어 유명을 달리할 것을 짐작했기 때문이다.

세종의 염려는 적중해서 문종은 아버지 세종을 따라 2년 뒤에 죽었다. 그리고 문종의 뒤를 이어 왕위에 오른 이는 그의 하나뿐인 아들 단종이었다.

영화 속에서는 문종(김태우 분)이 내경을 불러 아들 단종의 미래를 걱정하며 그를 도우라고 명한다. 내경 자신도 아들 진형(이종석 분)을 두고 있어 누구보다 아버지 문종의 마음을 잘 이해하고 그의 사람이 된다. 이어, 내경은 역적이나 왕 중 하나가 될 세조에게 운명을 걸지 않고 문약하지만 인간미가 살아 있는 문종과 그를 뒷받침하고자 하는 장군 김종서에게 인생을 맡기고 역사의 흐름을 한번 바꾸어 보기로 결심한다. 그러나 내경은 영화 말미에서 독백하듯 결국 관상으로 역사의 파도만 읽었을 뿐 시대를 변화시키는 바람은 읽지 못한 셈이다.

단종과 김종서, 그리고 수양대군

문종의 뒤를 이어 열두 살 나이에 조선의 왕이 된 단종은 그야말로 고립무원의 아이였다.

문종은 원래 남녀 관계에서 지나치게 담백한 남자였다. 그의 사랑을 받지 못해 몸부림치다 성리학적 여성관에 위배된다 하여 쫓겨난 세자빈이 두 명이나 있을 정도였다. 여성에게 무관심하던 문종이 어쩌다가 후궁 소생으로 얻은 자식이 둘인데, 바로 단종과 그의 누이 경혜공주(敬惠公主)다. 이 남매를 낳은 현덕왕후(顯德王后) 권씨(權氏)는 문종이 왕위에 오르기 전에 사망했고, 이후 왕후로 추존되었다. 문종은 현덕왕후 사후에 새로 비를 들이지 않고 홀아비로 지내다가 두 아이만 남겨 놓고 죽었다.

사정이 이렇다 보니 열두 살에 왕좌에 오른 단종은 자신을 보위해 줄 외척 세력도 없었다. 사실 외척 세력은 왕권을 등에 업고 권세를 부려서 조선왕조 내내 견제의 대상으로 인식되었지만, 왕 주변에 아무도 없을 때는 친위부대 역할을 해주기도 한다.

단종은 할아버지 세종의 극단적인 외척 배제책 때문에 왕위에 올랐을 때 거의 외척이 없다시피 했다. 성인으로 왕위에 올라 스스로 정책을 좌우할 만한 능력이 있는 자에게는 이것이 괜찮은 환경이었을지 몰라도 어린 단종에게는 그렇지 못했다. 자신을 도와줄 피로 연결된 세력이 거의 없었던 단종은 수양대군을 비롯한 기세등

등헌 아버지의 동생들, 즉 삼촌들을 상대해야 했다. 원래 단종은 수양대군을 무척 따랐고, 수양대군도 단종을 업고 다닐 정도로 아꼈다고 한다. 그러나 권력욕은 조카와 삼촌이라는 다정한 관계를 헌신짝처럼 버릴 정도로 강렬했다.

수양대군이 서서히 그 권력욕을 드러내기 시작하자 단종은 이를 막기 위해 할아버지 때부터 충신인 김종서의 힘에 의지할 수밖에 없었다. 그런데 김종서란 인물의 당시 행보도 조금 문제적이긴 하다.

조선은 개창 때부터 왕권과 신권(臣權) 간의 견제와 갈등을 조정하면서 균형을 유지해 왔다. 그러나 사실 왕은 왕대로 신하들을 조정하면서 왕권을 강화할 속셈을 가지고 있었고, 신하들은 그런 왕을 등에 업거나 견제하면서 자신들의 입지를 확보해 가려고 했다. 이런 환경에서 단종의 즉위는 누가 보더라도 절대적인 왕권 약화를 의미했다. 조선왕조가 개창한 지 얼마 되지 않은 시점에, 게다가 왕이 스스로의 위치를 제대로 확립하지 못하고 신하인 김종서에게 의지하게 된 것은 신권의 압도적인 강화를 뜻했다.

김종서와 그를 둘러싼 단종파라고 불리는 사람들도 이러한 변화를 권력 강화에 적극적으로 이용했다. 김종서는 오랫동안 북관(北關: 함경도를 군사상 구분할 때 마천령을 경계로 북쪽은 북관, 남쪽은 남관이라 한다)에서 활동한 탓에 사병까지 거느리고 있어, 마음만 먹으면 군사적으로도 왕권을 위협할 힘이 있었다. 세조가 단종의 왕위를 찬탈하면서 이들을 죽였기 때문에 오늘날까지도 김종서와 그 일파를 충신으로 보는 경향이 있다. 그러나 만일 그때 세조가 왕권을 차지하지 않았다면 김종서가 왕위를 찬탈하고 이씨가 아닌 김씨의 나라가 섰을지도 모를 일이다. 조선왕조가 개창한 지 60년밖에 안 되는 불안정한 시기였기에 이러한 가능성도 배제할 수는 없다.

사실 고려가 망한 것도 왕이 자신의 자리를 찾지 못하고 힘 있는 신하들에게 이리저리 그 운명을 맡겼기 때문이다. 그 힘 있는 신하 중 하나가 바로 조선을 세운 이성계였다. 김종서가 이성계가 안 되리라는 법은 없다는 말이 세간에 돌 만큼, 이씨 왕조 피의 정통성은 아직 확립되기 전이었다. 그랬기에 이씨 왕조의 종친 사이에서는 김종서와 단종의 유착에 우려의 눈길을 보내는 경우가 많았다.

이러한 움직임을 가장 염려하고 이를 자신이 감행할 왕위 찬탈의 명분으로 삼은 이가 바로 수양대군이다. 수양대군이 계유정난(癸酉靖難)*을 일으킬 때 내걸었던 명분이 바로 '왕을 조정하며 모반을 일으키려 한 김종서를 죽인다'였다. 애초 계유정난의 명분에 단종 폐위는 없었다. 물론 찬탈의 수순으로 계유정난을 일으켰지만, 수양대군을 따라 김종서의 제거를 순순히 받아들인 사람들이 있었던 것은 김종서의 권력이 왕권을 넘어설지도 모른다는 우려가 컸다는 증거다.

김종서 제거 당시 집현전 학사들은 이를 문제 삼거나 반대하지 않았다. 심지어 집현전 학사의 대명사인 정인지(鄭麟趾, 1396~1478) 등은 정난의 공을 인정받기까지 했다. 단종을 위해 목숨을 바친 사육신 등은 형식상 단종이 세조에게 왕위를 물려주고 상왕이 된 다음, 단종 복위를 꾀하다가 죽은 것이지 계유정난 당시 수양대군을

● 계유정난: 1453년(단종 1) 수양대군이 왕위를 빼앗기 위해 일으킨 사건. 수양대군이 김종서의 집을 불시에 습격해 그와 그의 두 아들을 죽였다. 이 사변 직후에 수양대군은 김종서가 모반했다면서 단종의 명이라고 속여 중신을 소집한 뒤 사전에 준비한 계획에 따라 황보인(皇甫仁)·조극관(趙克寬)·이양(李穰) 등을 궐문(闕門)에서 죽이고, 좌의정 정분(鄭苯)과 조극관의 동생인 조수량(趙遂良) 등을 귀양 보냈다가 죽였으며, 자신의 친동생인 안평대군(安平大君)이 '황보인·김종서 등과 한패가 되어 왕위를 빼앗으려 하였다'고 거짓 상주(上奏: 임금에게 아뢰던 일)해 강화도로 귀양 보냈다가 후에 사사(賜死)했다.

│ 세조와 정희왕후의 능인 광릉. 왕권을 차지하기 위해 조카 단종과 사육신을 죽인 세조는 재위 기간 내내 죄의식에 시달렸다고 한다. ⓒⓒ

비판하지는 않았다.

영화는 이러한 역사적 다면성을 조명하기보다는 대개 사람들이 알고 있는 '삼촌이 조카의 왕위를 찬탈했다'는 역사적 사실에 근거해 김종서를 선한 자, 수양대군을 피도 눈물도 없는 악한으로 묘사하고 있다.

분명 세조는 조카의 왕위를 빼앗은, 성리학적으로 명분이 취약한 왕이기는 했다. 그러나 왕좌를 차지하는 과정에서 수많은 악행과 과오를 저지르고도 조선왕조를 반석에 올려놓은 왕이다. 그는 세종이 만들어 놓은 훌륭한 치적들을 계승하여 조선이라는 나라의 정체성을 흔들림 없이 구축한다.

조카를 왕좌에서 내쫓아 죽이고 절친한 사육신을 왕권을 차지하기 위해 죽인 세조는 재위 기간 내내 죄의식에 시달렸다고 한다. 그 결과 스트레스성 피부병을 앓아 무척 고생했는데, 꿈에 단종의 어머니인 현덕왕후가 나타나 그에게 침을 뱉은 후 받은 천벌이라는 소문이 돌 정도였다. 이 이야기를 들으면 세조도 권력의 유혹에 넘어가 돌이킬 수 없는 죄를 저지른 고뇌하는 인간으로 여겨진다. 이런 면에서 영화 〈관상〉이 수양대군을 권력욕에 취한 평면적인 악한으로 그리기보다 좀 더 입체적이고 정치적인 인물로 그렸더라면 어땠을까 하는 아쉬움이 남는다.

〈관상〉은 조선 초기 계유정난 전후의 상황과 수양대군의 왕위 찬탈이라는 역사적 사실에 내경이라는 관상가의 활약과 비극이라는 픽션을 직조해 넣음으로써, 역사의 큰 흐름 속에서 희생당하는 백성에 대해 이야기하고 있다. 다소 비관적인 역사관이기는 하지만, 21세기 현재 한국의 관객이 생각하는 권력과 개인의 관계에 대한 어두운 투영이라는 점에서 많은 관객의 공감을 이끌어 냈음은 분명하다.

5

성리학적 규범을
초탈한 왕, 연산군

― 왕의 남자 ―

2005년 말에 개봉해 1000만 관객 몰이로 흥행 신드롬을 일으킨 〈왕의 남자〉(감독 이준익)는 조선 초기 연산조의 정치적 상황 속에 광대라는 인물을 묘하게 섞어 넣어 매우 빼어나게 만든 팩션 작품이다.

공길(이준기 분)의 마성적 매력과 장생(감우성 분)의 예술혼과 광대들의 공연 장면으로 시종 눈을 떼지 못하게 만드는 영화 〈왕의 남자〉는 공길이 궁중에 발탁되면서 임금(정진영 분)과 공길과 장생, 이세 명 사이에서 생긴 미묘한 감정선을 중심으로 전개된다. 장생은 허구의 인물이지만 임금 연산군(燕山君, 재위 1494~1506)과 공길은 실존했던 인물이다.

연산군이야 파란만장하고 괴팍한 인생사로 익히 알려져 있지만, 영화에서 가장 중요한 열쇠를 쥔 공길은 대체 어떤 인물이었을까?

연산군의 예술적 취향

공길에 대한 기록은 연산군 11년 12월 29일 자 실록에 있다.

> 배우 공길이 노유희(老儒戲: 늙은 선비를 흉내 내는 풍자극)를 하며 아뢰기를 "전하는 요·순 같은 임금이요, 나는 고요(皐陶) 같은 신하입니다. 요·순은 어느 때나 있는 것이 아니나 고요는 항상 있는 것입니다." 하고, 또『논어』를 외어 말하기를 "임금은 임금다워야 하고 신하는 신하다워야 하고, 아비는 아비다워야 하고 아들은 아들다워야 한다. 임금이 임금답지 않고 신하가 신하답지 않으면 아무리 곡식이 있더라도 내가 먹을 수 있으랴?" 하니, 왕은 그 말이 불경한 데 가깝다 하여 곤장을 쳐서 먼 곳으로 유배하였다.

이 기록에 따르면 실제 공길은 영화 속의 공길과는 그 성격이 아주 다르다. 영화 속 공길은 여자 뺨칠 만큼 아름다운 외모에 광대로서 재능이 누구보다 탁월하지만 여리고 소극적인 성격의 인물이다. 그러나 실제 공길은 임금 앞에서 죽기를 각오하고 바른 소리를 할 수 있는, 꽤나 배포 큰 남자로 보인다. 영화 속 인물로 보자면, 장생이 이에 더 가까울 것이다.

매우 미천한 신분인 광대가『조선왕조실록朝鮮王朝實錄』에 그 이름을 남기는 것은 매우 이례적인 일이다. 연산군이 예술적 취향을

┃ 영화 〈왕의 남자〉에서 연산군과 장생. 예술적 취향이 남달랐던 연산군은 사람들 앞에서 악기를 연주했으며
흥에 겨우면 광대들과 어울려 춤을 추기도 했다.

가진 임금이었던 탓에 연산조의 실록에는 광대 관련 기사가 종종
나온다. 연산군은 은손(銀孫)이라는 광대가 죽은 후 그를 이은 중산
(仲山)이란 자의 실력을 걱정하거나, 공결(孔潔)이라는 광대와 직접
대화를 시도하기도 한다. 궁중 행사의 외연적인 형식 정도에나 관
심을 가졌던 다른 왕들에 비해 연산군은 이름을 꿰고 있을 정도로
광대 개인에 대한 관심이 구체적이고 직접적이었다. 왕의 이러한
관심은 미천한 신분의 광대가 어느 정도 사람대접을 받게 하는 데
영향을 미쳤을 것이다.

기록에 따르면, 연산군은 공길의 입바른 충고에 바로 칼을 휘둘

러 그를 죽이지 않고 유배라는 점잖고 소극적인 벌을 내렸다. 연산군 대에 많은 선비들이 바른말을 하다가 사화로 죽임을 당한 것에 비해, 광대에 대한 연산군의 처우는 오히려 인간적이다.

유랑 예능인 집단, 양수척 · 재인 · 남사당

조선 시대 광대들은 매우 미천한 위치에 있었지만, 나례에 동원되어 공연을 하는 중요한 예인이었다. 나례는 원래 음력 섣달그믐에 하는 국가적인 액막이 행사인데 중국의 사신 영접이나 왕의 개인적인 연회 등에서도 행해졌다. 이 행사에 전국에서 실력 있는 광대들이 불려 나왔다. 실력만 좋다면 왕 앞에서 얼마든지 공연을 할 수 있었으니, 영화 속 공길의 궁중 연행(演行)도 그리 놀라운 일은 아니다.

영화에서 공길은 지방을 떠돌아다니는 남사당패였다. 굳이 남사당이란 이름을 거론하지는 않았으나 남자들끼리 무리 지어 떠돌아다니는 데 동성애적 색채를 얹은 것은 남사당패의 성격을 가져온 것이다. 그런데 이 남사당패는 조선 말기에 형성된 집단으로, 조선 전기에는 아직 이런 성격을 띤 광대 패가 없었다.

물론 통일신라 시대부터 유랑 예능인 집단은 있었다. 이 집단을 고려 시대에는 양수척(楊水尺: 후삼국 · 고려 시대에 떠돌아다니면서 천업에

▌ 김홍도의 〈평양감사
향연도〉 일부. 국립중앙
박물관. 계단과 공연장에
사자탈을 쓴 광대가 있
다.

종사하던 무리. 무자리라고도 한다), 재인(才人: 고려·조선 시대에 무자리에서 갈
라져 나와 광대 일을 하던 사람. 법제상 양인良人이었으나 사회 통념상 천인賤人으
로 취급되었다)이라고 불렀다. 떠돌면서 공연하는 이들이 때로는 도축
을 해 주고 밥을 받아먹었다. 한곳에 정착하지 않고 이렇게 산 것은
이들이 한반도 토착민이 아니라 8~9세기경 북방에서 들어온 유목
민 집단이었기 때문이다. 여진족이 많았지만 그중에는 타타르인*들
도 있었다. 그들은 저 멀리 이슬람 문화권에서 전파된 묘기를 공연

했는데, 줄타기·입으로 불 뿜기·접시돌리기·가면극 등이 동서를 막론하고 서커스의 기본이 되는 것은 바로 이런 연결성 때문이다.

조선 초에는 이들을 정착시키려는 시도로 신분을 승격해 주기도 했지만, 하는 일이 변하지 않아 차별은 여전했다. 일부 양수척은 한양에 정착해서 성균관 제사에 필요한 도축을 하는 반인(泮人)으로 변신해 성균관 인근에 반촌(泮村)을 형성하고 살았다. 그들은 도축업과 경중우인(京中優人: 우인은 재인과 같은 말로, 서울에 사는 우인이라는 뜻)을 겸해 한양에서 그때그때 필요한 공연도 한 것 같다. 공길이 바로 이런 경중우인이었을 가능성이 높다. 앞서 본 실록에서 연산군은 공길에게 먼 지방으로 쫓아내는 벌을 준다. 그가 원래 지방에서 올라온 떠돌이 광대였다면, 이런 벌은 별로 의미가 없었을 것이다.

공길에게 중앙아시아에서 건너온 타타르인의 피가 섞여 있었다면 그는 영화 속 공길처럼 수려하고 당당한 풍채에 왕 앞에서 단독 공연을 할 정도로 총애받는 예인이었을 것이다. 영화처럼 연산군과 공길 사이에 묘한 감정이 섞여 들지는 않았다 하더라도, 연산군 말기 실정에 풍자로나마 직언하고자 했던 공길에게서 왕을 염려하는

● 타타르인: 볼가 강 중류와 그 지류인 카마강을 따라 동으로 우랄산맥에 이르는 지역에 사는 종족. 투르크어를 쓰며 인구는 약 500만 명이다. 옛날에는 몽골족과 투르크계 민족을 포함해 아시아의 스텝과 사막에 사는 유목 민족을 총칭했다. 9~15세기 타타르족 경제생활의 기초는 유목과 농경의 혼합 형태였으며, 이것이 오늘날까지 이어지고 있다. 타타르족은 목공·도자기·직물·금속공예의 오랜 전통을 이어 오고 있으며 상인으로도 알려졌다.

마음이 느껴진다. 연산군은 공길의 사건으로 크게 화를 내며 그토록 좋아하던 나례 자체를 없애 버린다. 이를 보면 공길이 연산군에게 심정적으로 상당히 영향력 있는 인물이었다는 것을 알 수 있다. 공길의 충언 이후 연산군은 채 1년도 못 되어 중종반정(中宗反正)으로 왕좌에서 쫓겨나는 신세가 되었다.

성리학적 규범을 초탈하다

연산군은 조선 시대 왕들 중 가장 이례적인 성격의 인물이다.

성리학을 정치 이념으로 삼아 건국한 조선은 왕과 신하가 서로의 권력을 끊임없이 견제하면서 정국을 주도하던 국가였다. 조선 초기부터 이러한 왕권과 신권의 견제가 수차례의 조정을 거치면서 연산군의 아버지 성종(成宗, 재위 1469~1494) 대에는 어느 정도 구조적인 안정이 이루어진 상태였다. 안정된 기반 위에 등극한 왕이 바로 연산군이다. 연산군은 왕세자 시절과 재위 초기에는 신하들로부터 훌륭한 왕의 재목이라는 평가를 얻을 정도로 성리학적 성군이 될 자질이 많아 보였다. 그러나 그는 어느 순간 이러한 주변의 평가와 기대를 깡그리 무너뜨리고 조선의 성리학적 기준에서는 가장 일탈한 형태의 왕권을 무리하게 구현하려고 했다. 연산군이 이렇게까지 변모한 것은 여러 가지 정치적 상황 때문이기도 했겠지만, 야사

| 영화 〈왕의 남자〉에서 연산군. 연산군은 성리학이 강조하는 근검, 금욕, 도덕적 완성 등을 모두 걷어치우고 자신이 하고 싶은 대로 정국을 운영한, 가장 '조선 시대 왕' 같지 않은 군주였다.

에 비추어 모후(母后, 임금의 어머니)의 억울한 죽음에서 원인을 찾는 사람들이 있다.

연산군의 어머니 폐비 윤씨(廢妃尹氏)는 아버지가 집현전 학사를 지내는 등 양반가의 딸이었으나, 일찍이 아버지를 여의고 이미 가문이 많이 기운 상태에서 궁에 들어왔다.* 그녀는 세조의 왕위 찬탈 이후 훈구공신(勳舊功臣: 대대로 나라나 군주를 위해 드러나게 세운 공로가 있는 신하를 말하며, 여기서는 계유정난을 일으켜 세조를 왕위에 앉힌 세력을 말한다)에 밀려 다소 억울하게 왕비 자리에서 쫓겨나고 죽임을 당했다고도 볼 수 있다.

원래 폐비 윤씨는 성종의 후궁으로 들어왔다. 그녀는 입궁 초기 곱고 점잖은 태도로 궁궐의 어르신들(당시 세조의 비 정희왕후, 예종의 비 안순왕후, 성종의 어머니인 소혜왕후까지 궁중에는 세 명의 대비가 있었다)로부터 신뢰를 얻었다. 성종의 비는 세조의 왕위 찬탈을 도운 공으로 나는 새도 떨어뜨릴 만한 권세를 부리던 한명회(韓明澮, 1415~1487)의 딸 공혜왕후(恭惠王后, 1456~1474)다. 예종(睿宗, 제8대 왕, 재위 1468~1469)이 죽은 후 성종이 여타 후보들을 물리치고 왕이 될 수 있었던 것*은 한명회

● 연산군의 어머니~들어왔다: 폐비 윤씨의 아버지는 집현전 학사를 지내고 『고려사절요』와 『세종실록』 편찬에 참여한 윤기견(尹起畎)이다. 윤씨의 어머니는 신숙주(申淑舟)의 숙부인 신평(申枰)의 딸로 집안으로 치면 그렇게 빠지지 않지만, 윤씨가 궁에 들어갈 무렵 가세가 많이 기운 상태였다고 한다. 일설에는 그녀가 성종보다 열두 살이나 많았다고도 하고, 처음부터 정식 후궁으로 간택되어 들어간 것이 아니라 궁녀로 들어갔다가 성종의 총애로 후궁이 되었다는 이야기도 있다. 양반가의 딸이 궁녀가 되었다면, 그 집안이 얼마나 몰락했는지를 짐작할 수 있다.

● 성종이~왕이 될 수 있었던 것: 세조의 큰아들 의경세자(懿敬世子)가 스무 살이던 1457년에 요절하자 둘째 아들 해양대군(海陽大君)이 왕위에 올라 예종이 된다. 그런데 예종도 왕위에 오른 지 14개월 만에 요절하고 만다. 이때 예종에게는 갓난아기 제안대군(齊安大君)이 있었다. 수렴청정 권한을 가지게 된 세조의 비 정희왕후가 다음 왕을 선택할 수 있었는데, 예종의 아들이지만 너무 어린 제안대군과 의경세자의 아들 중 월산대군(月山大君)과 자산군(者山君)을 두고 고민하다가 둘째인 자산군을 왕으로 올렸다. 그가 바로 성종이다. 제안대군은 너무 어렸다 치고 당시 19세였던 월산대군이 몸이 약하다는 이유로 왕권에서 제외된 것은, 처가의 세력이 크지 않고 월산대군의 나이가 19세라 정희왕후의 수렴청정이 불가능했을 것이기 때문이라는 의견이 있다. 자산군, 즉 성종이 왕이 된 것은 장인이 세조의 왕위 찬탈을 도와 권세가로 군림하던 한명회였기 때문이라는 해석이 주요하다. 실제 성종 즉위 초기는 수렴청정을 하는 정희왕후와 한명회가 손을 잡고 정국을 주도해 나갔다.

라는 권세가를 장인으로 두었기 때문이다. 한명회로서는 딸이 왕비가 되어 그 권세를 이어 갈 절호의 기회를 얻었으나, 불행히도 공혜왕후는 병약해 왕비가 된 지 1년여 만에 사망하고 만다.

중전의 빈자리를 차지한 사람이 바로 후궁이던 연산군의 어머니 윤씨다. 윤씨가 중전으로 선택된 데는 중전으로서 손색없는 바른 행실뿐만 아니라, 당시 연산군을 임신하고 있던 점이 크게 작용했다. 이 밖에도 변변한 친정이 없어서 명문가를 자랑하던 대비들의 친정을 위협할 가능성이 없어 보였기에 간택되었다는 평가도 있다.

그런데 층층시하의 권세가 대비들 틈에서 든든한 친정이 없다는 점은 당사자인 중전에게는 나날이 스트레스의 원인이 되었다. 게다가 성종이 차례로 들이는 후궁들의 친정은 하나같이 명문가 대비의 가문에 줄을 대어 그 입김이 중전을 찍어 누를 만큼 컸다. 윤씨는 자신을 압박하고 무시하는 궁궐 내명부(內命婦: 후궁과 상궁, 나인을 포함한 궁궐 내 모든 여인)의 시기와 질투를 견뎌 낼 배짱이 없는 사람이었다. 그녀가 남편 성종에게 매달려 후궁과 시어른 들의 등쌀을 해결해 달라고 읍소해 보지만, 이는 왕비로서 자질이 부족하다는 낙인이 되어 그녀에게 돌아왔다. 결국 폐비 윤씨는 답답함을 누를 길 없는 심사로 하늘 같은 임금의 얼굴을 할퀴는 대역죄를 짓고 폐서인이 되어 궁에서 쫓겨났다. 그리고 훗날 연산군이 왕이 되었을 때 복수할 위험이 있다는 이유로 일찌감치 왕에게 사약을 받고 죽었다. 윤씨가 명문가 출신이었다면 과연 이렇게 했을까 싶을 만큼 의아한

구석이 많다. 그래서 폐비 윤씨가 사약을 마시고 흘린 피가 묻은 저 고리*를 어머니 신씨가 한을 품고 보관했을 테다.

연산군은 왕이 된 후, 자신이 다스리고 있는 나라를 자기 마음대로 할 수 없다는 정치적 좌절감에 더해, 강력해진 신권으로 자신의 어머니마저 비운의 희생을 당했다는 사실에 분노하고 그의 아버지 시대에 쌓아 놓은 모든 성리학적 업적을 부정하려 했다. 그 때문에 성리학이 강조하는 왕의 근검·금욕·도덕적 완성 등을 모두 걷어치우고 자신이 하고 싶은 대로 마음껏 정국을 운영하기 시작했는데, 여기에는 그 전 시대에 금기시하던 화려한 궁중 연회와 성적인 방종도 포함되었다. 연산군은 세종 대에 만들어진 집현전 건물을 궁중 연회에 동원하는 기생들의 숙소로 만들었고, 채홍사(採紅使)라는 직책을 만들어 전국에서 아름다운 여인들을 궁중으로 불러들이게 하고는 자신의 성적 노리개로 삼기도 했다.

연산군의 이러한 폭군적인 면모에는 그 전 왕들에게서는 발견되지 않던 예술적인 취향이 작용한 듯하다. 그는 사람들 앞에서 악기를 연주했고, 흥에 겨우면 광대들과 어울려 춤을 추기도 했다. 이것은 연산조 이전에도 이후에도 이상적인 유교의 군주상으로서는 상

● 폐비 윤씨~피가 묻은 저고리: 폐비 윤씨의 어머니 신씨 즉, 연산군의 외할머니가 연산군이 왕이 되자 그를 만나 이 피 묻은 적삼을 보여 주고 원한을 읍소한 것이 연산군의 실정과 각종 사화를 일으킨 결정적 계기였다고 야사로 전한다. 이를 모티브로 1930년대에 월탄 박종화(朴鍾和)가 폐비 윤씨와 관련한 연산군의 갑자사화를 소설화한 것이 『금삼錦衫의 피』다. 금삼은 비단으로 만든 적삼을 뜻한다.

▌ 영화 〈왕의 남자〉는 겉으로는 폭군이지만 그 이면에 가련한 정체성을 가진 왕의 초상을 광대의 연회를 통해 보여 준다.

상조차 할 수 없는 행위였다. 연산군은 조선의 왕 스물일곱 명 중 재위 기간 동안 신하들의 눈치를 전혀 보지 않은, 가장 '조선 시대 왕' 같지 않은 군주였다. 성리학적 규제와 규범을 초월했던 연산군은 도덕적 일탈도 일삼아 결국 반정의 빌미를 제공하고 배다른 동생(중종)에게 밀려 왕좌에서 쫓겨난다.

　영화 〈왕의 남자〉는 연산군의 일탈이 최고조에 달하던 시기를 배경으로, 겉으로는 폭군이지만 그 이면에서 두려움에 떨고 있는 한없이 가련한 정체성을 가진 왕의 초상을 광대의 연회를 통해 보여 준다. 제아무리 무소불위의 권력을 휘두르는 사람이라 해도 비

천한 광대의 마음조차 얻기 힘들다는 것을 보여 줌으로써 권력의
나약함을 드러내고 있다.

6

—

기생, 불우하고
슬픈 계급의 여인들

- 황진이 -

조선 중종(中宗, 재위 1506~1544) 때 기생 황진이 (黃眞伊, ?~?)는 수준 높은 시와 독특한 삶을 통해 조선 시대부터 현대에 이르기까지 수많은 예술가들에게 미학적 영감을 주는 존재로 살아남아 있다. 지금까지도 소설, 뮤지컬, 노래, 영화 등 여러 장르에서 황진이를 소재로 한 작품들이 만들어지고 있으며 영화 부문만 보더라도 1950년대부터 최근까지 다섯 편이 제작되었다.

예술가들의 예술가, 황진이

최근에 황진이를 주인공으로 한 영화는 2007년에 개봉한 〈황진이〉(감독 장윤현)다. 이 영화의 독특한 점은 북한 소설가 홍석중의 『황

▌ 영화 〈황진이〉에서. 조선 중종 때 기생 황진이는 조선 시대부터 현대에 이르기까지 많은 예술가들에게 영감을 주는 '예술가들의 예술가'다.

진이』가 원작이라는 데 있다.

　홍석중은 소설 『임꺽정』으로 우리 문학사에 큰 획을 그은 벽초 홍명희(洪命憙, 1888~1968)의 손자로 북한에서 현재까지 왕성하게 활동하고 있는 중견작가다. 그의 소설 『황진이』는 분단 이후 처음으로 국내 문학상인 '만해문학상'(2004년)을 받았고, 이로써 그는 남한의 문학상을 탄 최초의 북한 소설가가 되었다.

홍석중의 『황진이』는 조선 시대 양반의 시각에서 전승되던 황진이에 관한 이야기를 해체하고, 가공인물 '놈이'를 황 진사 댁 노비로 내세워 그와 기생 '황진이'의 비극적 사랑을 그려 낸다. 이를 원작으로 한 영화 〈황진이〉도 각종 야담에서 전해 내려오던 황진이(송혜교 분)의 삶에 '놈이(유지태 분)'라는 인물을 더해 좀 더 입체적으로 조명하려고 했다. 놈이는 황진이 집의 노비였다가 성장해서 화적이 되는데, 영화는 놈이와 황진이의 사랑을 부각해 기생과 하인이라는 밑바닥 신분을 벗어나고 싶어 한 두 남녀의 슬픈 사랑을 표현하려 했다. 실제 기생이었던 황진이의 삶에 놈이와 같은 존재가 한 명쯤 있었을지도 모르지만, 전하는 이야기 속에서 황진이가 놈이 같은 남자를 만났다는 흔적은 찾을 수 없다.

황진이는 잘 알려진 바와 같이 송도(오늘날 개성)의 황 진사 집 딸로 태어나, 이웃의 도령이 그녀 때문에 상사병을 앓다 죽은 것을 안 뒤 충격을 받아 기생의 길로 나선다.

출생에 대해서는 황 진사의 정실이 낳은 적녀(嫡女)라는 말, 황 진사와 첩 사이에서 태어난 서녀(庶女)라는 말, 앞을 보지 못했지만 기예로 이름을 드날린 기생 진현금(陳玄琴)의 딸이라는 말 등이 있다. 영화에서는 자신이 양반인 줄 알았던 황진이가 노비 출신 첩의 딸이라는 출생의 비밀을 알고 나서 기생이 되는 것으로 나온다. 기생, 즉 기녀는 천민 계급에 속했다. 그러므로 황진이가 기생의 길을 택한다는 것은 스스로 천민 신분으로 내려간다는 것을 의미한다.

슬픔과 고통을 재능으로 승화시킨 여인들

조선은 남성의 성적 방종에 대해서는 비교적 관대하면서도 여성들은 정조 관념으로 옭아매어 성적으로 억압하는 사회였다. 특히 교육을 받은 여성, 즉 양반가의 여성들은 규방(閨房)이라는 공간에 갇혀서 자신들의 재능과 욕망을 거세당한 채 식물처럼 살다 죽어야 했다. 그에 비해 신분은 낮지만 양반가 규수 정도 혹은 그 이상의 교양을 쌓을 수 있고 삶의 폭도 비교적 넓은 사람들이 바로 기생이었다.

기생은 노비, 그중에서도 사치(奢侈)노비에 속했다. 주로 풍류를 즐기는 데 필요했기 때문이다. 한번 기적(妓籍)에 올려지면 노비와 마찬가지로 천민이라는 신분적 굴레에서 벗어날 수 없었으며 천한 일을 한다 해서 팔천(八賤)에 들어갔다. 팔천은 양인보다 낮은 여덟 가지 천한 신분, 즉 사노비·승려·백정·무당·광대·상여꾼·기생·공장(工匠: 수공업에 종사하던 장인. 관공장官工匠과 사공장私工匠으로 나뉜다)을 일컬었다. 기생이 설사 양반의 자식을 낳는다 해도 천자수모법(賤者隨母法: 노비는 그 어미의 신분을 따르게 하여, 양인인 아버지와 노비인 어머니를 둔 자는 어머니를 따라 노비로 삼았던 법을 말한다. 일명 종모법從母法)에 따라 아들은 노비, 딸은 기생이 되어야 했다.

기생들에게 그나마 위안이라면 양반 부녀자들처럼 비단옷에 노리개를 차는 등 옷 사치를 하거나 직업적 특성에 따라 사대부들과

❙ 신윤복의 〈청금상련〉, 《혜원전신첩》, 간송미술관. 조선 시대 기생은 어디까지나 남성들의 성적 노리개로 소비되던 불우하고 슬픈 계급의 여인들이었다.

자유연애를 할 수 있었다는 점이다. 예술적 교양도 쌓을 수 있었는데, 그것은 오로지 상류층 남성들의 수준에 걸맞은 성적 상대가 되기 위해서였다.

오늘날 사람들은 황진이나 매창(梅窓) 등 문예로 이름을 드날린 기생 때문에 조선 시대 기생을 전문직 여성 혹은 시대적 한계를 뛰어넘은 탁월한 여성 직업인으로 오해하는 경우가 많다. 하지만 조선 시대 기생은 어디까지나 남성들의 성적 노리개로 소비되던 불우하고 슬픈 계급의 여인이었다. 그러한 부조리와 삶의 고통을 자신의 재능으로 승화시켰기에 황진이나 매창 등 기생 출신 시인들이 칭송받는 것이 아닐까 한다.

황진이는 정사(正史)에 나오는 인물은 아니다. 그녀에 관한 이야기는 『송도기이松都奇異』나 『어우야담於于野談』 등에 야담으로 전해져 왔고, 시대를 거치면서 여러 이야기가 접합되고 변형되어 만들어졌다. 다만 그녀가 만났던 서경덕(徐敬德, 1489~1546), 소세양(蘇世讓, 1486~1562) 등은 조선 중기 실존 인물이고, 그들과 만나면서 황진이가 쓴 시들이 오늘날 남아 그녀의 실존을 증명하고 있다.

황진이는 기생이 된 뒤 명월(明月)이라는 기명을 쓰면서 이름을 드날렸다. 그녀는 기생으로서 갖추어야 할 아름다운 용모와 춤, 노래, 가야금 등 기예뿐만 아니라 남성들의 애간장을 태우는 아름다운 사랑 시를 짓고 학자 선비들과 대화할 수 있는 유교적 교양도 갖추어 당대의 많은 문사들과 교류했다고 한다.

황진이가 많은 시를 썼다고 하지만 현전하는 것은 시조집 『청구영언靑丘永言』과 『해동가요海東歌謠』에 오른 시조 여섯 수와 한시 몇 수뿐이다. 남아 있는 시들은 사랑하는 이에 대한 그리움을 읊은 시와 허위의식이 가득 찬 양반들을 조롱하는 내용인데, 대표적으로 알려진 것은 그녀의 유혹에 넘어가지 않겠다고 호언장담하다가 결국 무릎을 꿇은 벽계수(碧溪水)를 조롱하는 시조다.

청산리(靑山裏) 벽계수(碧溪水)야 수이 감을 자랑 마라

일도창해(一到滄海)하면 다시 오기 어려우니

명월(明月)이 만공산(滿空山)하니 쉬어간들 어떠리

그리고 6년간 함께 산 선전관(宣傳官) 이사종(李士宗)을 그리워하는
사랑시가 있다.

동짓날 기나긴 밤을 한 허리를 베어내어

춘풍(春風) 이불 아래 서리서리 넣었다가

어론님 오신 날 밤이어든 굽이굽이 펴리라

황진이의 남자들

황진이와 일화를 남긴 서경덕이나 소세양 등은 그들의 학문적
성취나 관직 등으로 어떤 인물인지 밝혀졌지만, 벽계수가 누구인지
를 두고는 최근까지 많은 이야기가 있었다.

벽계수는 고종(高宗, 재위 1863~1907) 때 서유영(徐有英)이 쓴『금
계필담錦溪筆談』에 종실로 나오는데, 최근 연구는 세종의 후궁 소생
인 영해군(寧海君)의 손자로 종친부(宗親府 : 조선 시대 종실 제군宗室諸君
의 일을 관장하던 관서)의 정3품 관직인 도정(都正)을 맡고 있던 이종숙
(李終叔, 1508~?)이라고 추정하고 있다. 즉 세종의 증손자다. 이종숙

▎ 강세황의 〈박연폭포〉, 《송도기행첩》, 국립중앙박물관. 박연폭포는 황진이, 서경덕과 함께 송도삼절(松都三絶)로 꼽힌다.

은 당시 벽계도정이라고 불렸고 황진이가 생존한 시기에 황해도 관찰사를 지내는 등 황진이와 접점이 꽤 많다.

황진이가 마음먹고 유혹하면 산중 고찰의 이름난 승려까지 다 넘어갔다지만, 유일하게 황진이를 성적 대상으로 보지 않고 한 인간으로 대하며 제자로 받아 준 사람은 서경덕이다. 뛰어난 학자였던 서경덕은 사마시(司馬試: 생원과 진사를 선발하는 과거)를 보아 급제하지만 대과를 치르거나 벼슬에 나아가지는 않았다. 개성 화담 부근에 서재를 짓고 은거하며 학문과 교육에 전념했기 때문에 그의 호가 화담(花潭)이다. 그는 신분에 관계없이 제자를 받아들여 다양한 사람이 그의 문하에 모여들었는데, 황진이도 그중 한 명이었다.

영화에서도 서경덕이 황진이와 하룻밤을 지내지만 그녀를 끝내 여자가 아니라 제자로 곡진히 대접한다. 서경덕을 유혹하려다 그의 높은 덕망에 감복한 황진이는 이를 계기로 그와 영원한 사제의 연을 맺는다.

한편 황진이는 양반의 허위의식을 벗기는 데만 관심이 있었던 것은 아니다. 그녀도 사랑하는 남자를 만나 진심을 다해 사랑을 나누었다.

황진이와 가장 오래 산 사람은 선전관이던 이사종이다. 선전관은 주로 왕을 시위(侍衛)하는 무관 승지(承旨)직이었다. 정3품 당상관부터 종9품까지 있었으니 그 품계가 상당히 세분된 자리였다. 이사종이 어느 품계의 인물인지는 정확히 알려져 있지 않다. 다만 무관으로 관직에 있으면서도 양반이라고 거드름을 피우지 않고 풍류를 즐겼던지, 장안에서 소리를 잘한다는 칭송을 얻은 인물이다.

전하는 이야기 속 이사종과 황진이의 만남은 꽤 운치가 있다. 한양에 살던 이사종이 사신으로 가는 길에 송도에 묵었을 때다. 천수원이란 숙소 인근 냇가에 드러누운 이사종이 노래를 부르는데 황진이가 그 노랫소리를 들었다. 황진이는 그가 한양서 유명한 소리꾼 이사종이라는 것을 단번에 알아보고 그를 집으로 데려가 며칠을 함께했다. 그리고 이사종이 마음에 들어 6년간 함께 살 것을 제안했다. 일종의 계약결혼이었다.

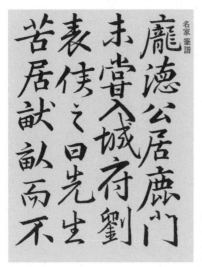

龐德公居鹿門
未嘗入城府劉
表使之曰先生
苦居畎畞而不

名家筆譜

『명가필보』의 소세양 필적. 조선 중기의 문신 소
세양은 병조판서·이조판서·우찬성 등을 역임했
고, 율시(여덟 구로 되어 있는 한시체)에 뛰어났으
며, 송설체(원 초기 조맹부의 서체)를 잘 썼다.

첫 3년은 황진이가 한양 이사종의 집에 가서 일체의 생활비를
담당하며 첩 노릇을 했고, 다음 3년은 이사종이 송도에서 황진이의
식솔을 먹여 살리며 함께 살았다. 그러고 나서 두 사람은 계약한 대
로 미련 없이 헤어졌다.

한편 중종 때 형조판서를 지낸 소세양과 황진이의 일화는 양반
의 호기와 허위의식을 재능으로 눌러 버린 황진이의 기개를 느끼게
한다. 중종 대에 승승장구하던 문신 소세양은 일찍이 황진이 앞에
무릎 꿇은 여러 양반 사대부의 소문을 듣고, '아무리 절색이라도 나
같으면 30일만 살면 깨끗하게 잊을 수 있다'고 했다. 그리고 '만약
하루라도 더 지낸다면 나는 인간이 아니'라고 호언장담했다. 마침

내 황진이를 찾아가 30일 계약 조건으로 함께 살기 시작했다. 약속한 30일째가 되었을 때 황진이는 이 이별에 대해 아무런 감정적 반응도 보이지 않고 담담하게 이별의 술잔을 나누었다. 그러면서 소세양에게 시 한 수를 지어 주었다.

> 달빛 아래 뜰에는 오동잎 모두 지고
> 찬서리 들국화는 노랗게 피었구나
> 다락은 높아 높아 하늘만큼 닿았는데
> 오가는 술잔은 취하여도 끝이 없네
> 흐르는 물소리는 차기가 비파 소리
> 피리에 감겨드는 그윽한 매화 향기
> 내일 아침 눈물 지며 이별하고 나면
> 님 그린 연모의 정 길고 긴 물거품이 되네

황진이의 시를 받아 든 소세양은 마음이 움직였다. 그녀의 재능과 매력 앞에서는 양반의 위신 따위 아무것도 아니라고 여겼는지 그는 30일째 되던 날 황진이와 헤어지지 못했다. 그의 친구들은 그를 인간이 아니라고 놀렸다고 한다.

소세양과 한 연애를 끝으로 황진이는 마흔 살에 짧은 인생을 마감했다. 그녀는 자신의 유언대로 송도 어느 길가에 묻혔다.

세대를 뛰어넘는 매력적인 여성의 상징

살아생전 황진이는 많은 남자를 매혹했고 죽어서까지 그 이름과 행적으로 뭇 남성들을 설레게 했다. 조선 중기 풍류 시인이자 기인으로 유명한 임제(林悌, 1549~1587)가 서도병마사로 임명되어 임지로 가는 길에 황진이의 무덤을 찾아가 생전에 그녀를 만나지 못한 회한을 담은 시조 한 수를 짓고 제사를 지냈는데, 그 시는 이렇다.

청초(靑草) 우거진 골에 자느냐 누웠느냐
홍안(紅顔)을 어데 두고 백골만 묻혔느냐
잔 잡아 권할 이 없으니 그를 슬퍼하노라

그러나 이 행위가 구설에 올라 임제는 부임도 하기 전에 파직당했다. 사대부 선비이자 관료가 한낱 기생을 조문하는 등 채신을 지키지 못했다는 이유에서였다.

그러고 보면 조선 중기 양반 사회는 학식과 예술성을 겸비하고 그들과 대등하게 어울린 황진이를 한없이 치켜세우는가 하면, 관료와 사대부 지식인의 자리에서는 상당히 교조적인 태도를 취하는 이중성을 보였다고 할 수 있다.

임진왜란이 끝난 1604년에 암행어사로 송도에 간 이덕형(李德馨, 1561~1613)은 황진이에 대한 소문을 듣고 이를 자신의 책 『송도기

▎ 영화 〈황진이〉에서 황진이가 놈이의 유골을 뿌리기 위해 금강산을 오르는 장면. 실제 황진이는 재상의 아들 이생이라는 사람과 반년 동안 금강산을 여행한 적이 있다.

이』에 남겼다. 그가 채록한 소문 속 황진이는 외모가 선녀에 가까울 만큼 아리땁고 노래는 절창이었으며 가히 천재라는 이야기를 듣는 시인이었다.

이렇듯 왕가의 여성이 아닌 일반 여성으로서는 드물게 역사에 기록된 황진이는, 역대 최고의 미모와 재능 및 남다른 기개와 자유분방 덕에 현대에까지 매력적인 인간의 상징으로 남아 있다.

한편 영화 〈황진이〉에서 황진이가 사랑했던 남자 놈이의 유골을 뿌리기 위해 금강산으로 가는 장면이 나오는데, 실제 황진이는 재상의 아들 이생(李生)이라는 사람과 반년 동안 금강산을 여행한 적이 있다. 여행 기간 동안 황진이와 이생은 서로 신분에 연연하지 않고 그저 동가식서가숙(東家食西家宿)하면서 걸인처럼 금강산을 헤맸다고 한다.

영화의 마지막에 나오는 금강산 장면은 실제 금강산에서 촬영해 제작 당시 많은 화제를 낳았다. 겨울 금강산을 배경으로 황진이가 놈이를 그리워하는 장면은 아름다운 여주인공의 자태와 멋진 풍경이 어우러져 보는 즐거움을 더해 준다.

7

임진왜란기
백성의 영웅이 된 반란자

– 구르믈 버서난 달처럼 –

2010년 봄에 개봉한 영화 〈구르믈 버서난 달처럼〉(감독 이준익)은 박흥용 화백이 그린 동명의 만화가 원작이다. 만화 『구르믈 버서난 달처럼』은 연재 당시 독자들로부터 많은 호평을 받았을 뿐 아니라, 문화관광부가 주최하는 '대한민국 만화문화대상 저작상'(1996)을 받았고, 2004년 프랑크푸르트 국제도서전에서 '한국의 책 100'에도 선정되었다.

만화는 임진왜란 전후의 난세를 배경으로 주인공 한견주(견자)가 스승 황정학(黃廷學)과 황정학이 뒤쫓는 이몽학(李夢鶴, ?~1596)을 통해 검객으로 성장하는 이야기를 그리고 있다. 소리 나는 대로 표기한 제목은 조선 시대에 맞춤법이 없었다는 데 착안해 지은 것이다.

영화는 원작 만화와는 다소 다르게 주인공 한견주(백성현 분)보다 황정학(황정민 분)과 이몽학(차승원 분)의 서로 다른 꿈과 대결을 중심에 두고 이야기를 전개해 간다.

기축옥사와 동인·서인의 대립

영화는 1589년에 일어난 정여립(鄭汝立, 1546~1589) 사건에서부터 시작되는데, 극중 황정학은 정여립의 친구고 이몽학은 정여립의 오른팔 격으로 나온다.

정여립은 선조(宣祖, 재위 1567~1608) 대의 문신 겸 사상가로 붕당이 나뉠 때 처음에는 서인(西人)이었다가 훗날 동인(東人) 측에 선 인물이다. 젊었을 때 과거에 급제해 일찌감치 관직에 오른 그는 통솔력 있고 명석했으며 학문이 높았다. 다만 마음에 담은 말을 가리지 않고 직설적으로 내뱉았다고 한다.

선조 연간에 처음 시작된 붕당에 동인과 서인이라는 이름이 붙은 것은 서로 정견을 달리하던 김효원(金孝元, 1532~1590)과 심의겸(沈義謙, 1535~1587)의 집이 각각 한양의 동쪽과 서쪽에 있었기 때문이다. 김효원은 퇴계 이황(李滉, 1501~1570)의 제자들이 옹호했고, 심의겸을 두둔한 사람들 중에는 율곡 이이(李珥, 1536~1584)의 제자들이 많았다.

처음에 정여립은 이이와 성혼(成渾, 1535~1598)의 제자로 서인이었지만, 이이가 죽고 난 이후 그의 사상을 비판하며 동인으로 변

▌ 박흥용 원작 『구르믈 버서난 달처럼』의 한 장면.

신했다. 평소 정여립의 직설적인 면모가 마음에 들지 않았던 선조
는 그가 당을 옮기자 이를 좋지 않게 보고 노골적으로 미워하는 티
를 냈다. 그러자 정여립은 스스로 관직에서 물러나 낙향한다. 정여
립이 물러난 후, 많은 사람이 아까운 인재를 지방에 두지 말고 다시
등용하라고 아뢰었으나 선조는 끝내 그 말을 듣지 않았다.

　왕의 눈 밖에 나긴 했지만 인망이 높던 정여립은 낙향한 뒤에도
찾는 사람이 많았다. 그는 전북 진안군 죽도(竹島)에 서실(書室)을 세
워 활쏘기 모임을 여는 등 사람들을 규합해 대동계(大同契)를 조직
했다. 대동계가 1587년에는 전라도 손죽도(損竹島)에 침입한 왜구를

물리치는 등 공을 세우기도 했으며 이때부터 전국적인 조직으로 확대되어 황해도까지 진출했다.

조선 시대에 아무리 왜구를 물리치는 공을 세웠다 하더라도 왕명에 따른 것이 아니라 사조직의 힘으로 이룬 것은 중앙정부에 달갑잖은 일이었다. 거대하고 융성한 사조직의 수장은 곧이어 반란의 주모자가 될 위험성이 높다고 생각했기 때문이다. 게다가 방계혈족(傍系: 직계는 조부·부·자·손과 같이 조부로부터 손자로 곧장 이어지는 관계고, 방계는 형제·조카 등과 같이 공통 조상을 통해 갈라지는 관계)으로 왕위를 물려받은 선조는 반란의 조짐을 극도로 경계한 임금이다.

태조 이성계로부터 적자(嫡子)로 내려오던 조선의 왕위가 명종(明宗, 재위 1545~1567) 대에 끊어지고, 왕권이 방계인 선조로 넘어간 경위는 이렇다. 조선의 13대 왕 명종은 인순왕후(仁順王后, 1532~1575) 소생 순회세자(順懷世子)를 두었지만, 1563년에 열세 살 나이로 세자가 죽는다. 이어, 명종마저 왕위를 누구에게 물려줄지 결정하지 않은 상태에서 서른네 살에 사망하자 왕위 결정권은 온전히 인순왕후에게 돌아갔다. 인순왕후의 남동생 심의겸은 많은 종친들 가운데서 중종의 일곱 번째 아들 이초(李岹, 덕흥대원군)의 셋째 아들 이균(李鈞, 후에 이연李昖으로 바꿈)을 누이에게 왕으로 추천한다. 그가 바로 선조 임금이다. 애초에 선조의 아버지 이초가 중종의 적자가 아닌 후궁 창빈 안씨(昌嬪安氏) 소생이니 기실 선조 외에도 왕이 될 수 있는 자격을 갖춘 종친은 매우 많았다. 그런데도 선조가 왕이

│ 진안군 죽도. 선조에게 노골적인 미움을 받았던 정여립은 스스로 관직에서 물러나 낙향한다. 이후 진안군 죽도에 서실(書室)을 세워 활쏘기 모임을 여는 등 사람들을 규합하여 대동계(大同契)를 조직하였다. © 권태균

된 데는 평소 명종이 그를 총애했다는 평계가 있기는 했으나, 그보다는 인순왕후의 남동생인 심의겸의 입김이 컸다.

피의 정통성보다는 인맥으로 얻은 왕위였기에 선조의 왕권은 취약할 수밖에 없었다. 이 사실은 선조 자신이 누구보다 깊이 인식하고 있었다. 게다가 신하들과 종친들조차도 암묵적으로 그를 그 전의 직계혈족 왕들과 달리 깔보았다. 방계라는 사실 때문에 왕권에 자신감이 부족했던 선조는 역모(逆謀)나 반란의 조짐에 상당히 민감하게 반응했다. 왕의 이런 불안을 이용해서 당시 이미 동인과 서인으로 나뉘어 있던 신하들은 자신들이 속한 당의 이익을 위해 왕의 열등감을 부추기기도 했다.

1589년 기축년에 황해도 관찰사가 정여립이 역모를 꾸미고 있다고 고변(告變)했다. 고변의 내용은 정여립과 대동계 인물들이 한강의 결빙기를 이용해 황해도와 전라도에서 동시에 봉기해 입경하고, 대장 신입(申砬, 1546~1592)과 병조판서를 살해해 병권을 장악한 후 왕위를 차지하려 한다는 것이었다. 서인이 동인을 제거하기 위해 이를 조작했다는 설도 있는데, 평소 정여립을 마땅찮아 하던 선조의 마음은 이 때문에 급격히 서인 쪽으로 기울었고 정여립 체포령을 내렸다.

평소 '천하는 주인이 따로 없다'는 천하공물설(天下公物說)과 '누구라도 임금으로 섬길 수 있다'는 하사비군론(何事非君論) 등 왕권 체제하에서 용납될 수 없는 혁신적인 사상을 공공연히 설파하던 정여립은 결국 반란을 기도한다는 누명을 뒤집어쓴 채 비참하게 자살하고 만다. 이 또한 실제 정여립이 자살한 것이 아니라, 먼저 그를 살해하고 그에게 누명을 씌워 자살을 조작했다는 설도 있다. 조선 영조(英祖, 재위 1724~1776) 때 학자 남하정(南夏正, 1678~1751)의 『동소만록桐巢漫錄』에는 '정여립이 진안 죽도로 단풍 구경을 갔는데 선전관과 진안현감이 죽인 후 자결한 것으로 꾸몄다'고 기록되어 있다. 영화 〈구르믈 버서난 달처럼〉은 정여립의 이런 죽음에 대한 의문을 둘러싸고 황정학과 이몽학 사이에서 벌어진 대결을 다루고 있다.

정여립 사건을 주로 처리한 이는 당시 서인의 영수(領袖)였던 정철(鄭澈, 1536~1593)이다. 정여립이 동인계였기 때문에 그와 관련된 동인이 대거 처형되어, 이를 기축옥사(己丑獄事)라고 한다.

동인에 대한 정철의 단죄는 가혹했다. 정여립과 관련해 80명이 압송되었으며 점차 범위가 확대되어 2년간 국문(鞫問)이 열렸다. 옥사는 결국 1000명의 희생자를 냈다. 특히 대동계의 주요 활동 근거지가 전라도 지방이었기 때문에 전라도 유림 사회가 초토화되었다. 그 전에 사상적 차이로 다소 느슨하게 나누어졌던 붕당이 목숨을 건 정권 다툼으로 비화한 것은 바로 이 기축옥사 때부터다. 동료와 친·인척이 역적으로 몰려 죽어 나가면서 동인은 서인, 특히 정철과 성혼 등에게 원한을 품게 되었다. 이 기축옥사 이후, 같은 성리학자이면서도 동인과 서인은 결코 함께 마주 앉아 정치를 논할 수 없는 원수로 변하고 만다. 임진왜란 전 일본에 통신사로 나갔던 서인 황윤길(黃允吉, 1536~?)과 동인 김성일(金誠一, 1538~1593)이 일본의 전쟁 도발 가능성에 대해 다른 주장을 펼친 것은 저변에 이런 갈등이 도사리고 있었기 때문이다.

사암도인과 반란자 이몽학

영화 속 황정학과 이몽학은 정여립이 만든 대동계에 관련된 인물로 나온다.

영화에서 맹인 검객으로 나오는 황정학은 기축옥사 때 친구 정

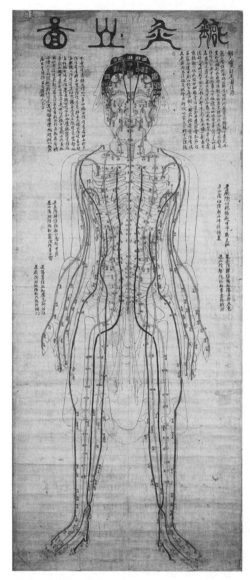

▎인체에 있는 경혈의 위치를 그린
〈경혈도〉, 국립중앙박물관. 『사암도
인침구요결』에 설명되어 있는 사암
침법(舍巖鍼法)은 손끝에서 팔꿈치
아래까지의 혈(穴)과 발가락에서 무
릎 아래까지 혈만을 이용해 경락을
조절하여 치료하는 침법이다.

여립이 자살한 것이 아니라 권력욕에 취해 혼란을 틈타 대동계의 수장이 되려 한 이몽학에게 살해당했을 것이라고 생각하고 이몽학을 뒤쫓는다. 한편 이몽학은 정여립이 남긴 대동계를 이어 받아 자기가 왕이 될 것을 꿈꾸는 인물로 나온다.

만화의 주인공이고 영화에서도 중요한 인물로 나오는 견주는 허구의 인물이지만 황정학과 이몽학은 실존 인물이다.

황정학은『사암도인침구요결舍巖道人鍼灸要訣』이라는 한의학 침구술에 관한 책을 남긴 인물로 알려져 있다. 이 책에 정리된 침구법은 현재까지도 한의학에서 자주 쓰이며 입이 비뚤어지는 구안와사에 특효가 있다고 한다.

『사암도인침구요결』은 임진왜란 전후 시기에 저술되었으며, 이 책의 저자인 사암(舍巖)은『동의보감東醫寶鑑』을 지은 허준(許浚, 1539~1615), 사상의학을 창시한 이제마(李濟馬, 1838~1900)와 함께 우리나라 한의학의 3대 의성으로 꼽히는 인물이다.

사암의 생애에 대해서는 그다지 전하는 바가 없고 주로 야사를 통해 알려져 있는데, 사암이라는 호가 붙은 것은 토굴에서 도를 닦았기 때문이라고 한다. 또 사암의 원래 이름이 황정학이고, 그가 임진왜란기에 승병을 조직해 왜군에 맞서 싸운 승려 사명당(四溟堂, 1544~1610)의 수제자였다는 이야기도 전한다. 사암도인은 침구술뿐만 아니라 검술도 기가 막히게 뛰어났다. 영화에서 황정학은 임진왜란 초기에 죽지만 실제 사암은 임진왜란이 일어나자 의병을 일으켜 왜군과 싸웠다고 한다.

영화 속 맹인 검객 황정학도 검을 기가 막히게 잘 쓰면서 침구술에도 능해 이몽학의 칼에 맞아 거의 죽음에 이른 견주를 침과 뜸으로 살려 낸다.

그렇다면 이몽학은 어떤 인물이었을까?

영화는 1592년 임진왜란이 일어나기 직전에 이몽학이 반란을 일으켰다고 설정했지만, 실제로 난이 일어난 것은 임진왜란 중인 1596년이다.

이몽학은 전주 이씨로 종실의 서얼이라고도 전한다. 한양에 살았는데, 전하는 바에 따르면 거친 성격으로 집안에서 쫓겨난 뒤 충청도와 전라도를 전전했다. 이몽학이 살았다는 충청도 홍산에는 그와 관련된 전설이 아직도 남아 있는데, 비록 역적이지만 어렸을 때부터 비범했다는 이야기가 대부분이다. 이를 보면 당시 지역 민심은 그를 역적으로 여기지 않고 무능한 중앙정부에 반기를 든 영웅으로 생각했다는 것을 짐작할 수 있다.

아무튼 이몽학은 서얼이지만 임진왜란의 혼란 속에서 장교가 되었다. 그가 주로 한 일은 임진왜란이라는 전대미문의 국난을 맞아 충청도 일대의 납속자를 모으는 것이었다. 원래 납속(納粟)은 흉년이나 전란 때에 나라에 곡식을 바치고 벼슬을 사거나 천인 신분을 면하는 임시방편적인 제도였다. 그러다가 임진왜란 후기에 전쟁이 남쪽에서 지지부진 지속되는 소모전으로 변하자 전쟁 비용을 마련하기

▌ 영화 〈구르믈 버서난 달처럼〉에서 이몽학. 이몽학은 동갑회 회원 700명을 사주해 임진왜란 뒤 대기근으로 굶주린 농민들을 선동하고는 1596년 홍산에서 반란을 일으켰다.

위해 조선 정부가 고육지책으로 정식 제도화했다.

이몽학은 납속자를 모은다는 명분으로 충청도 일대의 사람들을 모아 동갑회(同甲會)를 조직했는데, 이것이 영화에서처럼 정여립의 대동계와 관련이 있었는지는 알 수 없다. 하지만 조선 후기 실학자 이긍익(李肯翊, 1736~1806)이 쓴『연려실기술燃藜室記述』에 따르면, 나라에 불만이 많던 백성들이 이몽학의 선동을 그야말로 바람 앞에 풀 쓰러지듯이 따랐다고 한다. 이를 보면 당시 충청도 일대에서 이몽학의 영향력이 얼마나 컸는지 짐작할 수 있다. 영화에서도 이몽학이 이끄는 무리는 그를 충성스럽게 모시며 따른다.

이몽학의 난과 그 여파

가뜩이나 방계로서 대를 이어 왕권이 약했던 선조가 임진왜란 초기 몽진(蒙塵: 먼지를 뒤집어쓴다는 뜻으로, 임금이 난리를 피해 안전한 곳으로 떠나는 것)해 의주까지 도망가자, 당시 민심은 땅에 떨어져 있었다. 왜군이 쓸고 내려가 피폐한 고향 땅에 돌아온 백성들이 망연자실한 채 전후 복구에 애쓰고 있을 무렵, 엎친 데 덮친 격으로 대기근이 일어났다. 그러나 명에서 보낸 군사를 앞세워 한양에 돌아온 왕은 전쟁을 핑계로 가뜩이나 가진 게 없는 백성들을 세금이다, 납속이다 하며 쥐어짜고 있었다.

이런 시기에 이몽학은 동갑회 회원 700명을 사주해 임진왜란 후 대기근으로 굶주린 농민들을 선동하고는 홍산에서 반란을 일으켰다. 농민은 '왜적의 재침을 막고 나라를 바로잡겠다'는 반란 명분에 크게 호응해 삽시간에 수천의 무리를 이루어 충청도 일대를 휩쓸고 한양으로 향하기 직전에 홍주(지금의 홍성)를 공격했다. 당시 홍주목사 홍가신(洪可臣, 1541~1615)은 민병을 동원해서 이를 반격하는 한편, 현상금을 걸어 반란군의 분열을 꾀했다. 결국 전세의 불리함을 느낀 이몽학의 부하들이 이몽학의 목을 베어 투항하면서 반란은 한 달 만에 진압되었다.

영화에서는 이몽학이 반란군을 이끌고 한양까지 들어가 선조가 피난을 간 후 텅 빈 경복궁에서 견주와 대결을 펼치다가 죽음을 맞

| 〈홍가신 초상〉, 국립중앙박물관. 홍가신은 평소 정여립과 가까이 지냈다는 이유로 정여립 모반 사건 때 파직당했으나, 1594년에 홍주목사로 부임해 이몽학이 반란을 일으킨 1596년에는 민병을 규합하여 난을 평정했다.

는다. 실제 역사에서는 이몽학의 난이 일어난 1596년에 이미 선조가 한양으로 돌아와 있었고 경복궁은 1592년 임진왜란 발발 직후 화재로 전소된 상태였다. 이때 불에 탄 경복궁은 조선 후기 내내 그대로 방치되다가 조선 말 흥선대원군의 중건을 통해 다시 정궁으로 사용되었다. 임진왜란 이후 조선 후기 왕의 정궁은 경복궁이 아니

▎영화 〈구르믈 버서난 달처럼〉에서 황정학과 이몽학의 대결 장면. 실제 황정학과 이몽학은 접점이 없었다.

라 창덕궁이었다.

이몽학의 난은 한 달 만에 끝났지만 그것이 남긴 파장은 컸다. 임진왜란이 종반으로 치달으며 전선이 남쪽 지방으로 내려가고 강화 회담으로 전란이 다소 소강상태에 이르렀지만, 후방이라고 할 수 있는 충청도에서 일어난 반란은 중앙정부에 큰 충격을 주었다.

외적을 막아 내기에도 급급한 지경에 내부의 반란은 그 규모를 떠나 심리적으로 큰 부담을 갖게 만들었고, 그 여파는 왜적을 막아 내는 데 큰 공을 세운 의병장들에게 미쳤다. 이몽학의 난에 관련된 이들을 심문하는 과정에서 김덕령(金德齡, 1567~1596)*, 곽재우(郭再祐, 1552~1617)* 등 당시 혁혁한 공을 세운 의병장의 이름이 줄줄이 나온 것이다.

영화에서는 이 부분을 다루지 않았는데, 실제 이몽학의 난은 난 자체보다 그것을 수습하는 과정에서 의병장들이 무고를 당하면서 선조가 의병장들을 의심하고 의병장들도 전의를 잃어버렸다는 데서 더 큰 문제를 남겼다. 가뜩이나 왕권에 대한 자신감을 잃어가던 선조는 자신이 도망친 자리에 남아 혁혁한 공을 세우고 백성을 보호한 의병장들을 질투하고 있었다. 그런데 지역의 난적(亂賊)을 잡아 국문하는 과정에서 뛰어난 의병장들의 이름이 나온 것이다. 질투심에 눈이 멀어 앞뒤 상황을 분간하지 못한 선조는 나라를 위해 풍찬노숙하며 목숨을 걸었던 의병장들을 곧 국문장으로 소환했다. 이 과정에서 당시 의병장 중 큰 공을 세웠던 김덕령은 누명을 쓰고 고문 끝에 죽음을 맞았고, 곽재우는 누명을 벗었지만 결국 뜻을 잃고 은거했다.

● 김덕령: 임진왜란 때 의병장. 의병을 정돈하고 선전관이 된 후 권율(權慄)의 지휘 아래 의병장 곽재우와 협력해 여러 차례 왜병을 격파했다. 충청도의 이몽학 반란을 토벌하려다가 이미 진압된 것을 알고 회군했는데, 이몽학과 내통했다는 신경행(辛景行)의 무고로 체포·구금되었다. 혹독한 고문을 받고 장독(杖毒)으로 옥사했다.

● 곽재우: 조선 중기의 무신·정치인·군인으로 임진왜란에서 크게 활약한 의병장. 전장에 나설 때 붉은 갑옷에 백마를 타고 다녔으므로, 그의 이름을 모르던 장졸과 백성들로부터 홍의장군이라 불렸다. 그가 이몽학과 내통했다는 소문이 퍼지면서 모함을 받고 체포당하기도 했으나 죄가 없다고 밝혀져 석방되었다. 그러나 절친한 의병장 김덕령이 끝내 누명을 벗지 못하고 죽임을 당하자 이 일로 사실상 관직에 대한 미련을 버리고 은거한다.

영화는 왕이 떠난 경복궁에서 서로 칼을 겨누다 쓰러진 이몽학과 견주의 승부를 무색하게 하는 왜군의 궁내 진입 장면으로 끝난다. 〈구르믈 버서난 달처럼〉은 외부의 적이 침범해 들어와 나라의 존망이 목전에 닥친 상황에서도 동인과 서인으로 나뉘어 당파 대결을 펼치는 데 급급하고 개인과 무리의 작디작은 탐욕을 버리지 못해 결국 큰일을 치르고 마는 임진왜란기 상황을 통해, 권력에 대한 풍자와 평등 세상을 꿈꾸는 민생의 아픔을 그려 냈다.

8

정유재란을 승리로 이끈
결정적 전투

-명량-

이순신(李舜臣, 1545~1598)은 우리 민족에게 영원한 영웅이지만, 2000년대 이후 그를 제대로 다룬 영화는 없었다. 2005년에 영화 〈천군〉(감독 민준기)이 이순신의 청년 시절과 타임슬립이라는 SF 소재를 엮어 제작되었지만, 흥행 결과는 좋지 못했다. 이 영화를 이순신에 관한 정통 역사 영화로 보기에도 어려운 측면이 있다.

20세기에 이순신을 주인공으로 만든 영화는 유현목 감독의 〈임진란과 성웅 이순신〉(1962), 이규웅 감독의 〈성웅 이순신〉(1971), 장일호 감독의 〈난중일기〉(1977) 등 세 편이 있다. 이순신의 상징성과 우여곡절을 거듭한 삶, 임진왜란이라는 시대적 배경 등이 영화적 소재로 충분한데도 이를 다룬 영화는 생각보다 적은 셈이다. 그나마 최근 40년간은 제대로 만들어지지도 않았다. 이렇게 된 이유로

| 〈전(傳) 이순신 초상〉, 동아대학교박물관. 상단 오른쪽에 '충무공이순신상(忠武公李舜臣像)'이라는 화제가 적혀 있는 작품으로 조선 후기나 말기에 제작된 것으로 추정된다.

는 민족적 영웅이라는 이순신의 존재감이 주는 부담과 누구나 아는 인물이라서 따르는 식상함도 있었다.

그런데 긴 침묵을 깨고 2014년에 이순신을 오롯이 정면으로 그려 낸 영화 〈명량〉이 개봉되었다. 너무 알려진 인물이기 때문에 영화적 재미 요소를 다른 면에서 찾아 넣어야 한다는 압박감을 걷어 내고 이순신과 그가 치러 낸 전투에 집중함으로써 영화는 1700만여 명이 본 그야말로 국민 영화가 되었다.

일본의 반간계로 궁지에 빠진 이순신

〈명량〉은 승승장구하는 이순신을 다루지 않는다. 영화의 소재인 명량해전은 이순신의 3대 대첩 중 하나지만, 이 대첩을 이끌어 내기 전 이순신의 상황은 참담했다.

임진왜란(1592) 초기, 일본군은 파죽지세로 평양까지 쳐들어왔다. 그러나 그 뒤 전국 곳곳에서 일어난 의병과 명의 파병, 무엇보다도 이순신이 이끄는 조선 수군의 제해권 장악으로 일본군은 보급로가 끊긴 채 한반도에서 근근이 전쟁을 이어 가고 있었다. 일본은 한편에서 협상을 시도하면서도 부산포에 집결한 채 시간을 끌며 끊임없이 도발했다. 잘못된 정보를 흘려 일본의 상황을 오판하게 하거나 조선의 중앙정부와 현장에서 전투를 지휘하는 장군들을 이간질하기도 했다. 특히 일본군에게 가장 무서운 상대인 이순신은 눈엣가시였기 때문에 그들은 무슨 수를 써서라도 이순신을 제거하려고 했다.

조선을 침공한 일본군의 주요 장수인 고니시 유키나가(小西行長)가 이순신을 겨냥해 반간계를 썼다. 반간계란, 적의 첩자를 이용해서 적을 제압하는 계책을 말한다. 즉 이중간첩을 쓰는 척하면서 실은 이순신을 함정에 빠뜨린 것이다. 임진왜란 때 조선과 일본을 오가며 이중간첩으로 활동한 '요시라'라는 인물이 있다. 그는 대마도 사람으로, 사실상 고니시 유키나가 막하의 간첩이었다. 임진왜란 전부터 부산의 왜관을 드나들면서 조선의 물건을 사다 일본에 파는 무역을 했기 때문에 조선에 대해 잘 알았으며 말도 능통했다. 그가 1594년 무렵 통역으로 경상우병사의 진영을 드나들면서 거짓으로 귀순하고는 이중간첩처럼 굴었다. 조선의 편이 되었다는 증표로 때로 일본군의 기밀을 슬쩍 흘려 조선 정부로부터 신임을 사고 심지어는 벼슬까지 받았다. 당시 조선에는 항왜, 즉 전쟁 중에 항복한 일본군들이 많았다. 그중 김충선(金忠善, 일본 이름 사야가沙也可, 1571~1642)은 조선 편에서 싸워 혁혁한 공을 세우고 선조에게 이름까지 받았다. 〈명량〉에는 이순신 밑에서 활동하는 일본인 준사(오타니 료헤이 분)가 나온다. 『난중일기亂中日記』에도 활약상이 기록된 준사는 영화에서처럼 누가 적군의 장수인지 알려 주는 일을 맡았다. 실제로 그처럼 조선 편에서 싸운 항왜가 많았던 것이다. 7년 동안 전쟁을 치르면서 적과 아군이 뒤섞여 누가 누구 편인지 구별할 수 없는 상황이 되다 보니, 요시라 같은 인물도 조선 정부의 신임을 쉽게 얻을 수 있었다.

요시라는 1597년 음력 1월에 경상우병사 김응서(金應瑞, 1564~1624)에게 새빨간 거짓 정보를 흘린다. 전쟁 상황이 지지부진해지자 일본으로 돌아가 있던 가토 기요마사(加藤淸正)*가 모월 모일 군사 7000명을 거느리고 다시 조선으로 들어오니, 그 전에 일본군을 격파하는 것이 좋겠다는 첩보였다. 김응서는 이를 바로 조정에 알렸다. 요시라가 준 거짓 정보에 솔깃해진 도원수 권율은 허겁

| 상인 출신 무장 고니시 유키나가를 그린 우키요에(일본 무로마치 시대부터 에도 시대까지 발달한 목판화). 그는 임진왜란 때 1만 8700명으로 구성된 조선 침략 선봉대 제1군의 지휘관으로 가장 먼저 조선에 상륙했다.

지겹 한산도에 내려가 이순신에게 출정을 명했다. 그러나 이순신은 그것이 간계임을 알아차리고 움직이지 않았다. 광해군(光海君, 재위

● 가토 기요마사: 임진왜란 당시 제2군 장수로 조선을 침략했다. 고니시 유키나가와 반목하고 명군과 조선 의병과 관군의 강력한 반격에 밀려 전황이 날이 갈수록 왜군에게 불리해지자 울산 서생포 인근으로 근거지를 옮겼다. 1593년에는 서생포왜성을 완성하고 근거지로 삼았다. 1596년에는 도요토미 히데요시(豊臣秀吉)에게서 귀환을 명령받고 왜로 돌아가지만, 1597년 정유재란 때 제1군 사령관으로 왜선 300여 척을 이끌고 조선을 침략했다. 정유재란 때에는 전라도 지역을 주로 공격했다.

1608~1623)까지 전라도로 직접 내려가서 이순신을 불렀으나, 그는 자신이 맡은 지역을 벗어날 수 없다면서 그 앞에 가지 않고 한산도에 머물렀다. 이순신의 판단은 틀리지 않았다. 이때 가토 기요마사가 이미 서생포에 들어와 있었기 때문이다. 사실 여부와 상관없이 조선 정부는 이순신의 독자적 판단을 왕명을 거역한 반역이라고 여겼다. 가뜩이나 전쟁으로 권위가 땅에 떨어져 매사에 예민하던 선조는 이순신의 행동에 크게 노하고 그를 잡아들이게 했다. 이순신은 붕당과 관련이 없었지만, 그를 천거한 유성룡(柳成龍, 1542~1607)이 동인인 탓에, 당시 권력을 잡고 있던 서인들은 이순신을 곱게 보지 않았다. 이순신은 즉시 파직되어 한양으로 압송되었다.

〈명량〉의 맨 앞부분에는 이순신이 옥에서 고통받는 장면이 나온다. 그는 압송된 뒤 한 달 넘게 모진 고문을 받았다. 심지어 사형선고까지 내려졌다. 그나마 이순신이 죽음을 면할 수 있었던 것은 그가 세운 공을 높이 산 정탁(鄭琢, 1526~1605)의 간절한 상소 덕이었다. 사형은 면했지만 불명예는 남았다. 선조는 나라를 구한 이순신에게 아무런 관직 없이 일개 병사로서 싸움터에 나가라는 백의종군을 명한다.

정유재란과 삼도수군통제사로 복귀하기까지

〈명량〉은 백의종군하던 이순신(최민식 분)이 삼도수군통제사가 되어 돌아온 상황에서 이야기를 시작한다. 이때는 조선 수군이 칠천량전투에서 전멸에 가깝게 패한 뒤였다.

이순신이 누명을 쓰고 고통당할 때 그의 뒤를 이어 삼도수군통제사로 임명된 사람은 원균(元均, 1540~1597)이었다. 그는 전부터 이순신과 심하게 갈등하고 있었다. 이순신보다 나이가 많고 경력도 긴 자신이 전쟁 중에 그의 지휘를 받는 데 불만을 품고 자주 불화를 일으킨 것이다. 그는 여기저기에 이순신을 험담하며 다녔고 뒤에서 여러 가지 악행을 일삼기도 했다. 이순신도 『난중일기』에 원균과 갈등한 것에 대해 쓰면서 그의 됨됨이가 음흉하고 간사하다고 평했다. 이런 불화 속에 원균은 수군을 떠나 충청절도사와 전라좌병사로 있다가 이순신이 쫓겨난 뒤 그 자리를 차지했다. 이때도 원균은 이순신이 하지도 않은 잘못을 아뢰는 거짓 상소를 올려 이순신을 더 궁지로 몰았다. 이렇게 이순신을 내몰고 차지한 자리였던 만큼 원균에게 다른 선택은 있을 수 없었다. 바다에서 잔뼈가 굵은 장군으로서 그가 보기에도 무리한 작전을 조정에서 명해도 그는 따라야 했다.

이순신을 제거했다고 생각한 일본은 요시라를 통해 또다시 거짓 정보를 흘려 조선 정부를 동요시켰다. 벌써 들어와 있는 가토 기요

┃ 에도 시대 후기 도요토미 히데요시의 일생을 그린 소설 『에혼다이코기絵本太閤記』에 나오는 칠천량 해전도.

마사의 부대가 바다를 건너온다고 한 것이다. 도원수인 권율과 중앙정부의 독촉에 원균은 부하들의 반대를 물리치고 출정할 수밖에 없었다.

이순신이 만든 거북선을 포함한 배 100척과 이순신이 키운 1만 명에 이르는 수군을 이끌고 원균은 거제의 칠천량 부근에서 일본군에게 처참하게 졌다. 원균은 배를 버리고 육지로 도망치기까지 했지만 결국 일본군의 손에 살해되었다. 이 패배로, 이순신이 온 힘을 다해 키운 조선 수군이 궤멸하다시피 했다.

바다가 모조리 일본군에게 넘어갔다. 그 전까지는 이순신이 이끄는 조선 수군에 막혀 전라도에 들어서기 어려웠던 일본군이 남원과 전주까지 이르며 계속 북쪽으로 올라왔다. 이것이 바로 정유재란이다. 또다시 위기를 맞은 조선 조정은 결국 이순신을 찾았다. 그가 삼도수군통제사로 돌아왔을 때 조선 수군에 남은 것은 부서진 배 열두 척과 군사 120여 명뿐이었다.

논란의 인물, 배설

〈명량〉에는 133척의 배로 몰려오는 일본의 대군에 겨우 열두 척의 배로 맞서려는 이순신의 사기를 끊임없이 떨어뜨리고 결국 탈영하는 배설(裵楔, 1551~1599)이라는 인물이 나온다. 그는 실제로 임진왜란 때 활동한 무장인데, 영화에는 소개되지 않았지만 다소 어이없는 공을 세웠다.

일본의 엄청난 함선이 몰려온다는 소식을 들은 조정에서 항전을 단념하고 피하라고 명했을 때 이순신이 "신에게는 열두 척의 배가 있사옵니다." 하고 올렸다는 장계가 유명한데, 바로 이 열두 척의 배를 칠천량전투에서 파손되지 않게 남긴 이가 배설이다. 어이없는 것은, 그가 전투를 잘해서 이 배들을 보전한 게 아니라 패배를 예상하고 부하 120명과 도망쳤기 때문에 남았다는 사실이다. 이순신에겐 마지막 희망을 걸 귀하디귀한 배였으며 우리 역사에서 큰 의미가 있는 배 열두 척은 결국 배설의 비겁함 덕에 얻은 것이다.

　배설은 영화에서와는 달리 엘리트 무관으로서 능력도 있었고 임
진왜란 중에 꽤 많은 공을 세우기도 했다. 그러나 그는 철저하게 전
쟁에서 잔뼈가 굵은 무관의 판단으로 질 게 뻔한 무모한 싸움에는
나서지 않으려고 한 것 같다. 그는 칠천량전투에서 도망쳤듯 일본
의 대군과 맞서야 하는 그야말로 무모하기 짝이 없어 보이는 명량
전투를 앞두고도 병을 핑계로 이리 빼고 저리 빼면서 이순신을 성
가시게 했다. 이순신은 배설의 능력을 알고 그가 이를 발휘해 줄 것
을 주문했지만, 그는 끝내 탈영했다. 영화에서는 배에 불을 지르고
도망치다 이순신의 손에 죽는데, 실제로는 권율에게 붙잡혀 한양에
서 참형되었다.

울돌목에서 벌인 접전과 승리

　영화 〈명량〉은 이순신이 부하와 백성 들이 두려움을 이기도록
해 전투를 승리로 이끌었다는 주제를 크게 부각한다. 열두 척이었
다가 한 척을 더해 열세 척이 된 배에 120명밖에 안 되는 병력으로
3만 명이나 되는 적군과 싸우려고 할 때 두려움은 실제로 어마어마
했을 것이다. 이 두려움을 잘 극복했기 때문에 명량해전을 대승리
로 이끌 수 있었다는 것이 영화의 주제이고, 실제도 이런 주제와 부

▌ 영화 〈명량〉에서 울돌목의 조류에 휩쓸린 왜선. 한반도의 남쪽 해안에서 오랫동안 수군을 양성하며 지형을 익힌 이순신은 울돌목의 조류가 거센 것을 잘 알았으며 이를 이용했다.

합했을 것이다. 그러나 이 승리는 두려움을 극복하는 의지만으로 이룩해 낸 것이 아니다. '명량'이라는 지형지물을 과학적으로 잘 이용한 이순신이 펼친 전략의 승리이기도 하다.

명량은 남해에서 서해로 접어드는 길목에 있다. 일본은 약해진 조선 수군을 모조리 무찌르고 서해로 가는 바닷길을 차지하려 했다. 이순신은 열세에 몰린 조선 수군이 일본의 대병에 맞서 이길 방법은 지형지물을 잘 이용하는 것이라고 생각했다. 그래서 통제사가 되자마자 명량으로 진지를 옮긴다. 명량을 빼앗기면 서해를 빼앗겨 전라도가 일본의 손아귀에 들어갈 게 뻔했기 때문이다. 침략하는 일본으로서도 방어하는 우리로서도 물러설 수 없는 상황이었다.

일본은 133척의 배와 3만 병사로 명량에 쳐들어왔다. 그런데 조선 조정은 이순신과 그를 따르는 사람들의 저력을 믿지 못하고 후퇴를 명했다. 조정에서는 서해를 내줄 생각이었다. 그러나 서해를 내주면 그 뒤 전세가 걷잡을 수 없게 불리해진다는 것을 잘 아는 이순신은 물러나지 않았다.

명량(鳴梁)은 우리말 울돌목을 한자로 옮긴 것이다. 진도와 해남 사이에 있는 울돌목은 병목처럼 갑자기 좁아지는 해로다. 바닷물이 좁은 길목에 물때를 맞춰 한꺼번에 몰리면서 회오리치는 소리가 나, 울음소리를 내는 바닷목이라는 뜻에서 울돌목이라고 하는 것이다. 오랫동안 한반도의 남쪽 해안에서 수군을 양성하며 지형을 익힌 이순신은 울돌목의 조류가 거센 것을 잘 알았으며 이를 이용하기로 했다.

1597년 9월 16일, 일본 수군이 명량에 들어와 좁은 물길을 지나려고 할 때 이순신은 배 열세 척을 한 줄로 배치하고 총공격했다. 영화에서처럼 구루시마 미치후사(來島通總, 류승룡 분)가 이끄는 일본 수군은 좁은 물길에서 거친 물살에 갇힌 채 조선 수군의 맹렬한 공격을 받았다. 결국 일본군은 전함 서른한 척이 파괴되고 군사 8000여 명이 죽거나 다치는 손실을 입은 뒤에 물러났다. 조선은 이 기적 같은 승리로 서해를 지켜 내고 일본군의 전라도 침략을 막을 수 있었다. 어떤 악조건에서도 포기하지 않고 단결해서 이루어 낸 값진 승리고, 일본군이 더는 전쟁을 일으키지 못하게 쐐기를 박은 대첩

| 영화 〈명량〉에서 이순신(최민식 분).

이다.

　영화 〈명량〉은 세월호 사건과 국정 농단 사태 앞에 정부가 정부
로서 기능을 잃어버리고 민심이 돌아설 무렵 세상에 공개되었다.
당시 정국에 대한 많은 사람의 우려는 어지러운 상황을 극복하게
해 줄 영웅을 바라는 심리로 옮아갔고, 마침 나온 영화가 바로 〈명
량〉이다. 1700만 관객이 전쟁의 혼란 속에서 나라를 구한 영웅 이
순신과 그를 도와 함께 일본군을 몰아내는 백성들의 모습에서 당시
의 답답한 상황을 해결할 실마리를 찾고자 한 것은 아닌가 한다. 40
년 만에 새롭게 만들어진 영화 속 주인공, 구국의 영웅 이순신은 혼

자서만 뛰어난 불세출의 영웅이 아니라 스스로도 두려움에 흔들리지만 끝내 백성과 부하 들을 다독여 함께 승리를 이끌어 낸 인간적인 모습의 영웅이었다.

9

폭군이라는 누명을 쓰고
역사의 뒤안길로 사라진 왕

－광해, 왕이 된 남자－

〈광해, 왕이 된 남자〉(감독 추창민)는 2012년 개봉 당시 1200만 명 넘게 관객을 동원하며 역대 한국 영화 흥행 순위 3위에 올랐고 역사 영화 중에서는 1위를 기록했다.

　이 영화는 조선 15대 왕인 광해군과 그의 닮은꼴 하선을 주인공으로 17세기의 정치적 상황을 새롭게 조명했다. 마크 트웨인(Mark Twain)의 소설 『왕자와 거지The Prince and the Paupen』와 구로사와 아키라(黑澤明) 감독의 영화 〈카게무샤影武者〉 등에서 다룬 '닮은꼴 인물의 역할 바꾸기'라는 환상적 소재를 가져와 재미와 흥행 면에서 큰 성공을 거둔 것이다.

학계에서 재평가받는 광해군

〈광해, 왕이 된 남자〉는 그동안 한국 역사 영화에서 잘 다루지 않던 광해군 대를 시대 배경으로 해 조선 중기에 대한 사람들의 관심을 이끌어 냈다. 특히 최근 광해군을 재조명하는 학계의 연구 성과를 영화에 반영함으로써, 반정으로 왕좌에서 쫓겨나 폭군으로 낙인찍힌 광해군에 대한 선입견을 다시 돌아보게 했으며 국가적 위기 상황에서 고뇌하던 왕 광해군을 재발견해 냈다.

광해군이 집권하던 조선 중기는 사실 나라 안팎 상황이 상당히 복잡한 시기였다. 국내적으로는 임진왜란이 끝난 후 전란의 상처를 수습해 나가는 상황에서 붕당이 분열되고 광해군과 영창대군(永昌大君, 1606~1614)을 둘러싼 정쟁이 시작되었으며, 국외적으로는 중국에서 명과 청이 교체되면서 외교 노선의 변화를 도모하지 않을 수 없었다. 그러나 이러한 외교 노선의 문제가 명분과 의(義)를 중요시하는 성리학의 기본 이념에 배치되어 광해군을 고뇌하게 했다. 이런 시기에 자신의 뜻을 펼쳐 정치를 해 나가던 광해군은 주변의 간신들 및 성리학적 명분과 불화하던 상황에 밀려 결국 반정으로 왕좌에서 쫓겨났다. 그 뒤 광해군은 인조반정의 승리자들로부터 폭군이라는 누명을 쓰고 역사의 뒤안길로 쓸쓸히 사라졌다.

영화는 이런 광해군 시기의 긴장감 넘치는 정치 상황에서 왕의 유고(有故)로 얼떨결에 잠깐 왕 노릇을 하게 된 시정의 만담꾼 하선

▌ 영화 〈광해, 왕이 된 남자〉는 국가적 위기 상황에서 고뇌하던 왕 광해군을 재조명한다.

(이병헌 분)을 통해 왕위의 지엄함과 고뇌를 보여 준다. 그리고 위정자라면 시대와 명분을 벗어나 오로지 백성만 생각해야 한다는, 당위지만 실상 희망 사항을 이야기한다.

선조, 세자 자리를 놓고 저울질하다

그렇다면 영화의 주인공 아닌 주인공 광해군은 어떤 인물이었을까?

광해군은 왕이 되기 전부터 심리적으로, 물리적으로 많은 고초를 겪은 사람이다. 광해군 개인과 광해군 정권의 갈등 상황을 알아보기 위해서는 그의 아버지 선조부터 이야기하지 않을 수 없다.

선조는 이른바 왕의 적장자, 떳떳한 왕위 계승자는 아니었다. 왕의 아들, 즉 왕자라는 신분으로 왕위에 오른 사람은 명종으로 끝났다. 조선왕조는 개국 초기부터 맏아들, 즉 장자가 왕위를 물려받는 경우가 드물었고 어쩐 일인지 맏아들이 왕이 되면 명이 짧거나 그 끝이 산뜻하지 않았다. 선조 이전 명종 대까지 왕 열세 명 가운데 장자는 문종·단종·연산군·인종 등 네 명뿐인데, 이들은 모두 단명하거나 왕좌에서 쫓겨났다. 나머지 아홉 왕은 장자는 아니라도 왕과 왕비의 소생, 즉 적자이긴 했다. 말하자면, 명종 대까지는 태조 이성계의 혈통을 정통으로 잇는 사람들이 왕이 되었다.

그런데 명종이 후사 없이 죽으면서 적자가 왕위를 물려받는다는 분란 없는 원칙을 따르는 데 문제가 생겼다. 왕의 아들이 아닌 왕의 친척 중에서 왕을 선발해야 했던 것이다. 그 결과, 명종의 비인 인순왕후의 남동생 심의겸의 후원 덕에 중종의 후궁 소생 손자인 선조가 왕으로 발탁되었다.

신하 덕에 왕좌를 얻은 선조는 자신의 왕권에 열등감이 많았다. 신하들도 드러나지 않게 피의 정통성을 지닌 그 전 왕에 비해 선조의 권위를 인정하지 않았을지도 모른다. 그래서인지 선조는 언제나 자신의 뒤를 이를 세자는 제대로 된 적장자이기를 바랐다.

그런데 선조는 자신의 바람과 달리, 적장자를 낳아 줄 왕비와 금슬이 그다지 좋지 못했다. 그가 후궁들을 총애해 많은 자식을 보았지만, 의인왕후(懿仁王后) 박씨(朴氏)는 박대해 결국 적장자를 얻지 못했다. 말하자면, 머리는 적장자를 원했지만 몸이 따라 주지 않은 것이다.

선조는 자신이 박대하는 의인왕후가 살아 있는 한 얻지도 못할 적장자 타령을 하며 세자 자리를 비워 두었다. 이 때문에 후궁 소생 왕자들을 허무한 정쟁에 휩쓸리게 하고, 이들이 아버지의 눈치를 보느라 뒤틀린 품성을 가진 인물로 자라게 했다.

앞날을 보는 신하들은 선조의 후궁 소생 아들 중 공빈 김씨(恭嬪 金氏)가 낳은 둘째 아들 광해군이 왕의 재목으로 가장 싹수가 있고 총명했기에 그를 세자로 앉히라고 왕에게 오랫동안 간언했다. 그러나 선조는 선뜻 결정을 내리지 못한 채 광해군을 저울에 올렸다 내렸다 하며 불안에 떨게 했다.

선조가 세자를 정해야 할 때 광해군의 어머니 공빈 김씨는 이미 유명을 달리했고, 선조의 총애는 인빈 김씨(仁嬪金氏)에게 가 있는 상태였다. 어차피 적장자가 아닌 이상, 후궁 소생 왕자들이 세자가 되는 일에 나이나 서열은 그다지 문제가 되지 않았다. 따라서 이들 모두 세자 후보였던 셈이다. 인빈 김씨는 자신의 아들을 세자로 올리기 위해 왕을 흔들었고, 선조도 광해군이 왕자들 중에서 낫다고 여기긴 했지만 적장자가 아니라는 이유로 세자 자리에 앉히기를 주저했다.

민심을 잃은 선조, 민심을 얻은 세자

그러던 중 임진왜란이 터졌다. 파죽지세로 올라오는 왜군을 피해 궁을 떠나면서 선조는 후사를 걱정하는 신하들의 청에 떠밀려 광해군을 마지못해 세자로 정했다. 경황이 없던 중이라 책봉식도 없었고 구두 임명과 비슷했다. 그리고 선조는 총애하는 후궁들을 거느리고 피난을 떠났다.

전쟁이 나면 왕의 유고 시 바로 세자가 왕위를 이어받아야 하기 때문에 보통 왕과 세자는 다른 길로 피난을 간다. 이를 두고 조정을 나눈다는 뜻에서 분조(分朝)라고 한다. 간절히 원했으나 평화 시기엔 주지 않던 세자 자리를 넘기고 선조가 후궁들과 함께 의주로 피난한 뒤 광해군은 선조의 정비인 중전 의인 박씨를 모시고 함경도로 피난을 갔다.

피난 이후 선조와 광해군이 보여 준 태도는 판이했다. 선조가 계속 북진하면서 명의 처분만을 바라고 여차하면 나라를 버린 채 중국으로 망명할 계획까지 세우는 동안, 열여덟 살의 세자 광해군은 전쟁터를 직접 찾아다니며 의병과 관군을 위로하고 격려했다. 민심은 수도를 버리고 떠난 선조 대신 광해군을 향하고 있었다.

이 무렵 임진왜란이 끝났다. 선조는 전쟁 동안 자신이 보인 비겁한 태도를 수습할 길이 없는 민망함과 급부상한 아들 광해군에 대한 질투에 그를 대놓고 구박하기 시작했다. 광해군이 문안인사를

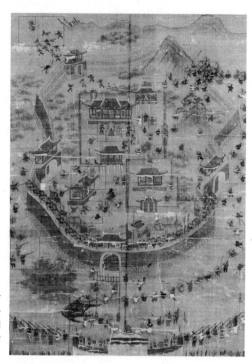

▌변곤의 〈동래부순절도〉, 울산박물관. 1592년(선조 25) 4월 15일 동래부사 송상현과 부민들이 왜군에 맞서 싸우다 순절한 사건을 묘사한 작품이다.

오면 세자로 임명한 적 없다면서 강짜를 부리는 등 아들을 고뇌에 빠트렸다. 그러던 중 중전 박씨가 피난 기간의 노고를 이기지 못해 사망했다.

　나이 오십에 홀아비가 된 선조는 열여덟 살 처녀에게 새장가를 들었다. 그녀가 훗날 인목대비로 알려지는 인목왕후 연안 김씨(延安 金氏)다. 선조는 젊은 왕비를 총애했고 그 덕에 오십 줄에 정비 소생 아들, 적자를 얻었다. 그가 바로 광해군을 오랫동안 정치적으로 힘들게 만들고 결국 반정의 이유를 제공한 영창대군이다.

바라 마지않던 적자를 얻자, 선조는 티 나게 광해군을 구박했다. 그리고 광해군을 내쫓고 영창대군에게 세자 자리를 줄 명분을 찾기에 급급했다. 그러나 이때 광해군은 이미 임진왜란 시기에 쌓은 혁혁한 공로로 탄탄한 지지 세력이 있었고 세자 자리에서 쫓겨날 만한 큰 흠은 없었다. 광해군으로서도 세자 자리에서 쫓겨나는 순간 정치적 생명뿐만 아니라 목숨까지 내놓아야 한다는 것을 알고 있었기에 근신에 근신을 거듭했다. 적장자가 아니란 이유로 아버지로부터 인정받지 못하고 심지어 질투까지 받은 아들 광해군은 그야말로 조용히 엎드려 세월이 가기만을 기다렸다.

하늘도 무심하지 않았는지 광해군을 내쫓고 영창대군을 세자로 올리기 전, 선조가 사망하고 광해군은 예정되어 있던 왕좌를 차지했다. 그와 함께 정권을 이끌어 갈 세력으로는 임진왜란 기간 중 의병 활동을 통해 정치적 입지를 굳힌 북인 중 대북파(大北派)가 포진했다.

광해군은 왕좌를 얻었지만 선조의 그늘은 오랫동안 그를 괴롭혔다. 선조의 곁에서 영창대군을 세자로 만들려 했던 세력들은 광해군의 등극으로 정권에서 탈락하자 곧이어 선왕의 유지가 과연 광해군에게 있었느냐는 의문을 제기하면서 어린 영창대군을 감싸고 세력을 형성했다. 그렇지 않아도 아버지로부터 끊임없이 서자라고 구박받던 광해군은 영창대군과 인목대비를 둘러싼 세력을 견디기 어려웠을 것이다. 이런 그의 심적 부담을 덜어 주기 위해서인지 이이첨(李爾瞻, 1560~1623) 같은 간신들이 영창대군과 그의 지지 세력을 역적으로 몰아 죽이고, 인목대비를 폐서인으로 만들어 유폐했다.

여기서 잠시 광해군 당시의 붕당을 살펴보자. 선조 때 서인의 영수 격이던 정철이 광해군을 세자로 책봉하자고 건의했다가 선조의 미움을 받고 서인이 실각한다. 이 때문에 정여립 모반 사건으로 실각했던 동인이 다시 득세하는데, 이들은 각각 정철의 처벌 수위를 놓고 강경파인 북인(北人)과 온건파인 남인(南人)으로 나뉜다. 학통상으로는 이황과 조식(曺植, 1501~1572), 서경덕의 제자들이 중심이던 동인 중 이황의 제자들이 주로 남인이 된 데 비해, 북인은 조식과 서경덕의 제자들이 중심이었다. 임진왜란 중에는 의병을 일으켜 구국에 앞장섰던 북인이 정국을 주도하는데, 북인은 다시 세자 책봉에 대한 견해 차이로 광해군을 지지하는 대북(大北)과 영창대군을 지지하는 소북(小北)으로 갈라진다. 이 대북파의 중심인물이 바로 정인홍(鄭仁弘, 1535~1623), 이이첨 등이었다.

대북파의 농간으로 광해군은 동생을 죽이고, 계모이긴 하지만 어머니를 유폐한 천하의 패륜아가 되었다. 성리학적 명분상으로 말이다. 그러나 이 때문에 광해군을 지지하던 세력 중 일부가 그를 떠났고, 결국 인조반정으로 광해군이 폐위되는 데까지 이르렀다.

영화는 광해군 대의 이런 국내 상황을 자세히 설명하지 않는다. 다만 왕의 정적들이 왕의 암살을 기도하고, 왕이 이에 대해 극단적인 공포에 빠져 있다는 정도로 표현될 뿐이다. 그러나 사실 광해군 정권기에는 왕에 대한 반대 의지를 분명하게 드러낼 수 없었다. 그랬다가는 곧바로 이이첨 세력에 역모로 몰려 죽었을 테니 말이다.

영화에서 광해군(이병헌 분)의 정비 유씨(한효주 분)의 오빠가 나랏일에 대해 바른말을 하다가 고문당하는 장면이 나오는데, 이는 역사적인 사실이 아니다. 광해군의 비 유씨는 판윤 유자신(柳自新, 1541~1612)의 딸로, 그녀의 남자 형제인 희분(希奮)·희발(希發)·희량(希亮) 등은 광해군 대에 외척으로서 충분히 권세를 누렸으며 인조반정 이후에나 권력을 잃고 처형 또는 유배당했다.

성리학적 세계관에 배치된 광해군의 국제관

한편 광해군 시기의 국제 상황은 국내 상황 못지않게 혼란으로 치닫고 있었다. 중국은 이때 명이 쇠하고 만주 지역의 여진이 무섭게 발호하고 있었다. 명의 몰락은 조선에서 일어난 임진왜란의 탓도 컸다. 가뜩이나 부패한 명은 임진왜란으로 군대를 동원하느라 국력을 소진해 휘청거리고 있었다.

반면, 만주의 여진은 임진왜란 덕에 그 세력을 키워 나갈 수 있었다. 명은 원래 인근의 오랑캐들이 힘을 규합하지 못하도록 끊임없이 이간질을 하여 작고 약한 부족 단위로 남게 하는 외교책을 쓰

청을 창건하고 초대 황제가 된 누르하치. 그는 여진의 대부분을 통일하고 칸의 지위에 올라 국호를 후금이라 했다.

고 있었는데, 임진왜란 즈음에는 전쟁에 힘을 쏟느라 이 이간책을 소홀히 했다. 그 결과, 언제나 서로 반목해 갈가리 나뉘어 있던 여진족이 누르하치(努爾哈赤)의 깃발 아래 다시 모여들어 후금(훗날 청)이라는 나라를 세우기까지 한 것이다. 어느 정도 힘을 기른 후금은 명을 치고 중원을 차지할 계획을 세우면서 후방에 있는 조선을 신경 쓰지 않을 수 없었다.

특히 누르하치가 속했던 건주여진(建州女眞: 남만주 지역에 살던 여진족)은 지리적으로 조선과 가까웠고 오랫동안 복속 또는 우호 관계를 유지하고 있었다. 그래서 광해군 대에 아직 그 힘이 충분히 크지 않던 후금으로서는 조선과 크게 분란을 만들고 싶어 하지 않았다. 다만 자신들이 명을 칠 때 조선이 도와주거나, 그렇지 못할 때는 적어도 가만히 있어 주기만을 바라는 정도였다.

이런 후금의 힘과 뜻을 광해군은 간파하고 있었다. 광해군은 혹여 후금이 명을 치고 중원의 주인이 될 때를 대비해, 되도록이면 후금과 우호 관계를 유지하고자 했다. 임진왜란이라는 국가의 존망을 가르는 큰 전쟁을 직접 치르고 수습한 광해군으로서는 조선 땅을 다시는 전쟁터로 만들 수 없다는 확고한 의지가 있었을 것이다. 그는 전쟁을 막기 위해서는 명분이고 의리고 아무것도 필요 없고, 비록 성리학적 가치관에 위배된다 해도 후금과 손을 잡아야 한다고 생각했다. 명이 후금과 전쟁을 치르면서 임진왜란 파병의 대가로 조선의 군사를 원했을 때, 광해군은 강홍립(姜弘立, 1560~1627)을 장군으로 하여 마지못해 군대를 보내면서도 그에게 밀지를 내려 후금에 항복하고 자신이 가진 우호의 뜻을 전하게 하기도 했다.

그러나 당시 광해군과 뜻을 같이하는 일부 사람들 외에 조선 사대부 양반들의 생각은 아주 달랐다. 조선 지식인들은 명이 임진왜란 때 파병한 것을 재조지은(再造之恩: 잃을 뻔한 나라를 다시 세워 준 은혜)

이라고 생각하며 명에 대한 의리를 끝까지 지키고 은혜를 갚기 위해 더욱 애써야 한다고 생각했다. 따라서 그들은 광해군의 뜻을 패륜 혹은 이단으로 여겼다.

영화에서도 관료들이 명에 가는 사신 편에 보내는 물목을 줄줄이 읽으며 명의 무리한 요구도 다 받아들여야 한다고 주장하는데, 이것은 아마도 당시 조선 선비들의 일반적인 생각이었을 것이다. 그런 양반들에게 "뭔 물건을 이렇게 많이 갖다 바치며, 명나라와 후금의 전쟁에 동원되는 조선 병사들의 피는 어떻게 되느냐?" 하는 하선의 질문은, 그야말로 성리학을 배반하는 생각으로밖에 여겨지지 않았을 것이다.

세금 제도의 혁신, 대동법

영화에서 다루고 있는 '대동법(大同法)'이 당시로서는 매우 선진적인 세금 제도였다. 대동법은 공물(貢物: 특산물) 제도의 모순을 해결하기 위해 만들어졌다.

공물제란 원래 각 지방에서 생산되는 특산물을 중앙정부에 바치게 하는 것이었다. 문제는 생산에 차질이 생기거나 자연재해로 해를 입은 경우에도 반드시 공물을 바쳐야 한다는 데 있었다. 이런 점을 잘 알고 있던 관리나 상인 들이 백성을 대신해 나라에 공물을 바

▌〈이원익 초상〉, 국립중앙박물관. 대동법에 대해 본격적인 논의가 시작된 것은 광해군 때다. 호조참 의 한백겸이 대공수미법 시행을 제안하고 영의정 이원익이 이를 재청해 1608년 5월 경기도에 한해 실시된다.

치고는 그 대가로 몇 배를 더 받아 내는 방납(防納)이라는 제도 때문에 백성의 부담은 한층 가중되었다. 게다가 탐학(貪虐)한 관리들은 제도를 악용해 생산되지도 않는 공물을 일부러 배정하여 백성을 착취하는 경우가 많았다.

영화에서 임금의 음식에 독이 들었는지를 먼저 검사하는 기미 궁녀 사월도 공물 제도의 희생자였다. 즉 지역에 맞지 않은 특산물을 배정받고 이를 해결하기 위해 방납을 이용하다 큰 빚을 지고 집안이 몰락한 것이다.

사실 광해군 대에 이런 공물제의 문제가 국가재정에까지 영향을 미쳤다. 실제로 나라에 들어오는 공물은 변변찮은데, 중간에 관리가 이를 가로챔으로써 국고가 비어 간 것이다. 그래서 나라 차원에서 공물 제도를 개혁해야 했다.

공물 제도의 모순을 바로잡기 위해 대공수미법(代貢收米法)을 처음 건의한 사람은 율곡 이이다. 대동법의 시초가 된 대공수미법은 전국의 모든 공납을 쌀로 하게 하는 제도였는데, 이것이 방납으로 이득을 보고 있던 권세가와 방납업자들의 방해로 실현되지 못했다. 그러다가 임진왜란이 일어나자 군량미를 대기 위해 공물 대신 쌀을 받으면서 대공수미법이 1594년에 전국적으로 시행되었다. 그러나 이것 역시 1년이 채 못 되어 폐지되고 말았다.

전쟁 후 공납의 폐단이 다시 일어나자 광해군 때 대동법에 대한 본격적인 논의가 시작되었다. 호조참의 한백겸(韓百謙, 1552~1615)이 대공수미법 시행을 제안하고 영의정 이원익(李元翼, 1547~1634)이 이를 재청해 1608년 5월 경기도에 한해 실시된 것이다.

이어, 대동법은 1623년에 인조(仁祖, 재위 1623~1649)가 반정으로 등극한 후 조익(趙翼, 1579~1655)의 건의로 강원도 · 충청도 · 전라도 등으로 확대되었다. 그러나 충청도, 전라도의 대동법은 다음 해에 폐지되었다. 당시 인조와 서인 정권이 특산물을 공물로 바치는 것을 백성들의 충성심이라고 여겼기 때문이다.

대동법은 효종(孝宗, 재위 1649~1659) 대에야 김육(金堉, 1580~1658)을 비롯한 이들이 삼남(충청도, 전라도, 경상도) 지방에 대동법을 실시하자고 강경하게 주장하여 비로소 전국적으로 확대, 정착되었다.

당시 대동법이 선진적인 세금 제도였던 것은 공물을 토지세로 대체했기 때문이다. 이로써 거의 인두세(人頭稅)처럼 1인당 할당량을 채워야 했던 공물의 부담이 토지를 기준으로 지워지면서, 토지가 많은 부호는 더 많은 세금을 내고 가난한 자는 세금이 줄어드는 효과를 볼 수 있었다.

대동법은 한편으로 수공업과 상업의 발달을 촉진하기도 했다. 대동법 실시 뒤 공인(貢人)이라는 상업 세력이 등장했는데, 이들은 대동을 담당하는 선혜청(宣惠廳)에서 공인으로 인정하는 문서를 받고 관에 소속된 공납 도급 업자였다. 이들은 전국에서 특산물을 구매해 나라에 납품하고 그 대가를 받는 상인적 공인, 공물을 직접 제조·납부하는 수공업자적 공인으로 나뉘었다. 이들 가운데는 제도적으로 보장된 공가(貢價: 공물에 대한 값) 자체의 이윤에만 만족하지 않고 유통과 제작 과정에 적극 참여해서 상업자본을 쌓은 공인도 있었다.

세금으로 공물을 바치는 것과 공인들이 이를 사들여 납품하는 것은 큰 차이가 있다. 공인들은 특산물을 구입하기 위해 전국 각지를 다녔고, 무거운 쌀 대신 화폐와 공물을 교환했다. 이를 통해 전국적으로 화폐의 유통이 촉진되고 상업이 발달하게 되었다. 대동법은 상공인층이 사회적으로 성장해 기존 신분 질서가 와해하는 데 큰 영향을 주기도 했다.

광해군과 허균의 관계

영화에서는 광해군과 허균(許筠, 1569~1618)이 밀접한 관계를 유지했던 것으로 나온다.

조선의 천재 중 한 명으로 꼽히는 허균은 역시 천재 시인으로 알려진 허난설헌(許蘭雪軒, 1563~1589)의 남동생이다. 허균은 현전하는 우리나라 최초의 한글 소설인 『홍길동전』의 저자로도 잘 알려져 있다. 사대부였던 허균이 당시 『홍길동전』을 한문이 아닌 한글로 쓴 것만 봐도 그가 얼마나 파격적인 인물이었는지 짐작할 수 있다.

허균은 젊었을 때부터 신분 고하를 막론하고 뜻이 맞는 사람과 잘 어울렸는데, 이것이 종종 다른 교조적인 사대부들의 심기를 불편하게 해 탄핵과 파직을 당하기도 했다. 또 도덕심이나 제도에도 연연하지 않는 편이었는지, 탐관오리로 고발당하기도 하고 과거에서 부탁을 받아 부정 합격자를 만드는 등 오늘날의 도덕적 기준으로도 고개를 갸웃할 만한 일을 많이 저질렀다.

한때 허균은 광해군 대의 권신 이이첨과 결탁해 권세를 누리기

┃ 〈광해, 왕이 된 남자〉에서 허균. 영화와 달리 실제 역사에서 광해군의 정치적 동반자는 허균이 아니라 이이첨이었다.

도 하는데, 그의 마지막 또한 매우 돌출적이던 그의 삶과 일맥상통하듯, 권력이 최고조기였을 때 반역을 꾀했다는 명목으로 사형을 당했다.

영화에서는 허균(류승룡 분)이 도승지로 나오는데, 실제로 허균이 도승지였던 적은 없고 1614년에 좌승지와 우승지를 지내기는 했다. 승지는 왕의 비서로, 제1 비서인 도승지와 그 밑의 좌승지·우승지가 있었다. 아무리 비서라고는 하나 승지는 왕과 어디까지나 공식적인 관계로 영화에서처럼 긴밀할 수는 없다. 조선 시대에 왕이 주변을 물리고 신하 한 명과 독대(獨對)하는 것은 거의 초법적인 일로 간주되어 매우 꺼렸다.

〈광해, 왕이 된 남자〉는 17세기 역사상을 얼마나 충실히 재현했을까? 안타깝지만 영화는 극의 재미를 위해 17세기 정치 상황을 거의 대부분 변형했다. 앞서 말한 대로 영화에서 왕과 왕비 사이의 주요한 갈등 요소로 작용하는 왕비의 오빠는 실제로는 광해군의 측근으로서 권력을 누렸다. 또 광해군의 실제 정치적 동반자는 허균이 아니라 이이첨이었다. 영화에서는 왕과 관료들의 갈등을 극단적으로 표현해 극의 재미를 주었지만, 이는 17세기의 정치적 실상을 왜곡하는 것이다.

실제 광해군 시기에 정치를 주도한 관료들은 붕당상 대북파였는데, 이들은 왕의 신임하에 적극적으로 정치를 펼쳐 간 세력이다. 영화는 왕을 고립무원의 외로운 존재로 극단에 두고 관료들을 왕에 맞서는 적대 세력으로 설정해 긴장감을 주었지만, 이는 자칫하면 역사가 선량한 독재자 한 사람 때문에 발전한다는 잘못된 역사관을 정당화할 위험이 있다.

〈광해, 왕이 된 남자〉는 개봉 당시 하선이 전하는 느낌이나 대사들이 고 노무현 대통령을 연상시키는 점이 많아 화제가 되기도 했다. 그런 의미에서 이 영화는 역사 영화가 이제 역사에 대한 정밀한 고증이 아니라, 영화가 만들어지는 당대 관객의 요구와 정서를 반영하여 역사를 재해석해야 한다는 문제의식을 던져 주기도 했다.

10

—

병자호란, 뼈아픈 항복의
역사와 강인한 민초

−최종병기 활−

2011년 여름, 최고의 흥행 기록을 세운 〈최종 병기 활〉(감독 김한민)은 17세기 초 병자호란을 시대적 배경으로 하고 있다. 영화는 우리 민족이 중국 청의 침략을 받은 뼈아픈 역사를 다루지만, 환란 속에서도 끝내 삶을 포기하지 않은 남이(박해일 분)와 자인(문채원 분) 남매의 활약을 통해 살아 있다는 것의 숭고함과 민초들의 강인한 정신력을 보여 준다.

영화의 주요한 소재는 제목에서도 나타나듯 '활'이다. 활과 화살은 순 우리말이다. 중국에서는 '궁(弓)'이라고 하지만 우리나라에서는 '활'이라 부르고, 때로 '산다, 살아간다'는 뜻의 한자 '활(活)' 자를 쓰기도 한다. 산다는 뜻의 활(活) 자를 무기 이름에 쓴 것을 보면 우리 민족이 전쟁과 무기를 어떻게 생각했는지 잘 알 수 있다. 즉 무기인 활도 침입자로부터 살아남기 위해 필요한, 사람을 살리는 도구로 보고 타인을 해치는 도구로는 사용하지 않으려 한 것이다. 영화에서도 신궁(神弓) 남이는 자신의 "활은 사람을 죽이는 것이 목적이 아니다."라는 말을 남기기도 한다. 영화는 제목에도 한자 활(活)을 넣어 관객에게 전하고자 하는 바를 분명히 한다.

인조 정권의 외교적 패착과 병자호란

영화의 배경이 된 병자호란은 우리 민족사에서 참으로 뼈아픈 사건이다. 임진왜란은 어느 정도 조선이 승리한 전쟁이라고 평가할 수 있는 데 비해, 병자호란은 반박할 여지 없이 조선이 패배한 전쟁이기 때문이다.

임진왜란이 7년간 계속된 것을 떠올려 병자호란도 어느 정도 기간을 두고 치른 전쟁이라 생각하는 경우가 많다. 하지만 실제 병자호란은 1636년 12월에 일어나 이듬해 1월에 속전속결로 끝난 전쟁이고, 그 결과는 조선의 참패였다. 사실 조선은 변변한 전투 한번 제대로 치르지 못한 채 여진족의 앞선 병술에 압도되어 국토를 유린당했다.

조선의 16대 왕 인조는 45일을 남한산성에서 농성했지만 결국 식량이 떨어지자 성문을 열고 삼전도에 나가 청 태종 앞에서 항복했다. 이때 인조는 항복의 예로 '삼배구고두례(三拜九敲頭禮)'를 했

▌현재 서울시 송파구 잠실동에 남아 있는 〈삼전도비〉. 인조는 45일을 남한산성에서 농성했지만 결국 식량이 떨어지자 성문을 열고 삼전도에 나가 청 태종 앞에서 항복했다.

다. 삼배구고두란, 상복을 입은 채 세 번 큰절하고 땅바닥에 아홉 번 머리를 쾅쾅 박아 그 소리가 단 위에 앉아 있는 사람에게 들리게 하는 것이다. 추운 겨울날 삼배구고두를 마친 인조의 이마에서는 피가 철철 흘러내렸다고 한다. 이때의 항복으로 조선은 명과 외교 관계를 끊고 청과 군신 관계를 맺었다.

〈최종병기 활〉은 이 두 달간의 전쟁에서 납치되어 포로가 된 자인과 그녀를 구해 내려고 나선 오빠 남이와 남편 서군의 고군분투를 그리고 있다. 실제 병자호란 당시 두 달 만에 포로로 끌려간 사람은 50만 명이 넘었고, 조선의 왕세자였던 소현세자(昭顯世子, 1612~1645)와 그 동생 봉림대군(훗날 효종)도 항복과 함께 청에 볼모로 끌려갔다. 왕세자가 볼모로 끌려가는 마당이고 보니 이미 포로로 끌려간 일반 백성은 돌아올 생각조차 할 수 없었다.

항복한 인조 정권은 포로가 된 50만 명에 달하는 조선 백성을 이미 포기했기에 누구도 그들의 귀환을 도울 수 없었다. 조선 측에서는 어찌어찌 탈출한 백성들도 못 돌아오게 막아야 하는, 그야말로 비참하기 그지없는 상황이었다.

병자호란은 그 이후 시대에 따라 평가가 다른 전쟁이지만, 인조 정권의 외교적 패착으로 일어났다고 보아도 무방하다.

당시 중국은 명과 청의 교체기였다. 명은 임진왜란기 파병으로 입은 군사적 손실과 중앙정부의 부정부패로 국력이 나날이 쇠하고 있었고, 이와 달리 여진족의 청은 파죽지세로 국력이 성장하고 있

▌ 영화 〈최종병기 활〉의 한 장면. 병자호란이 일어난 뒤 포로로 잡혀가는 조선의 백성들과 이들을 끌고 가는 청의 팔기군.

었다.

고려 시대에서 조선 중기까지 여진족은 만주 일대에서 나라를 만들지 못하고 부족으로 떠도는 유목 민족으로 북쪽의 오랑캐라 불리며 중국과 조선에서 천대받고 있었다. 그러나 16세기 중반, 탁월한 수장(首長) 누르하치와 그 일족을 중심으로 결속한 여진족은 어엿한 나라를 세우고 점차 조선과 중국을 압박해 왔다. 조선에서 일어난 임진왜란이 명에게는 쇠약으로 가는 길이었지만, 여진족에게는 명과 조선이 임진왜란에 몰두해 군사력을 소진할 동안 자중하면서 힘을 키울 절호의 기회였다. 그 결과, 17세기로 넘어가면서 여진족은 중국 본토로 들어갈 계획을 차례차례 실행했다. 그중 하나가 앞으로 나아가기 전에 뒤를 안전하게 만들기 위한 조치로 조선을 항복시키거나 동맹으로 만드는 것이었다.

이즈음 조선은 제15대 왕 광해군이 다스리고 있었다. 임진왜란으로 전쟁의 쓴맛을 단단히 본 광해군은 가급적 전쟁을 피하기 위해 아직 국력에 완전한 자신감을 갖지 못한 여진족(당시 후금)을 살살 달래면서 어떻게든 평화를 유지하려고 했다. 광해군의 실리적이고 노회한 외교정책은 강성 성리학자들인 서인으로부터 비판받았고, 결국 이 외교 노선도 하나의 빌미가 되어 인조반정이 일어났다.

충성을 사회질서의 근간으로 삼는 유교 국가에서 신하들이 왕을 바꾸는 반정(反正)은 사실 엄청난 명분을 마련하지 않고서는 호응을 얻기 어렵다. 특히 기존 왕이 엄청나게 나빠야만 역모가 아니고 반정이 성립되는 것이다.

조선 시대에 반정이 두 번 있었는데, 하나는 연산군을 갈아 치운 중종반정이고 다른 하나가 광해군을 갈아 치운 인조반정이다. 연산군은 그 행실 면에서 폭군에 가까웠기 때문에 당시 반정에는 명분이 많았다. 그런데 광해군은 사실 몇 가지 정치적인 세력 다툼에 따른 과오 외에는 그리 흠잡을 데 없는 왕에 속했다. 그런 왕을 갈아치 웠으니, 인조와 그를 왕으로 옹립한 서인들은 광해군 대의 정치는 무조건 나빴다고 주장하며 자신들이 만든 정권은 절대 그렇게 하지 않을 것이라고 고집해야 했다. 결국 광해군의 전략적인 외교

술은 폐기되고, 명을 임진왜란 때 우리를 도와준 재조지은의 나라로 모시고 막 발호하기 시작한 청을 무시하고 배척하는 강성 외교책이 채택되었다. 결과론이지만 이런 외교책은 당시 국내외 상황을 보았을 때 상당히 위험했다.

임진왜란으로 국토가 피폐해진 이후, 복구에 온 힘을 써야 할 마당에 인조 정권은 거의 재앙이나 다름없는, 여진에 맞서는 전쟁을 주장했다. 상대를 너무 얕잡아 보고 설마 쳐들어오겠느냐 하는 허세를 부린 것이겠지만, 명의 국력을 너무 믿은 탓도 있었다.

인조 정권에게도 기회는 있었다. 청이 아직 국호를 청으로 정하지 않고 후금이던 시절에, 인조반정에 대해 광해군의 원수를 갚겠다는 명목으로 정묘호란(丁卯胡亂, 1627)을 일으킨 적이 있다. 후금이 광해군의 원수를 갚겠다는 것은 순전히 명목일 뿐이었고, 자신들의 전투력을 보여서 조선을 붙잡아 두겠다는 의도로 쳐들어온 것이다. 당시 반정 초기라 정권이 제대로 안정되지 않은 상태에서 인조는 후금과 형제의 관계를 맺고 종실인 원창군(原昌君, ?~?)을 인질로 보내는 정도에서 일을 수습했다. 이때 인조와 서인 정권이 현명하게 중국 본토의 앞날을 예견하고 청과 맺은 우호 관계를 계속 유지했다면 그 뒤 병자호란의 굴욕은 겪지 않아도 되었을 것이다. 하지만 당시 이들에게 앞날을 내다보는 혜안은 없었다. 정묘호란 후 청을 배척하는 외교정책은 더욱 강화되었고, 결국 인조 정권은 9년 후 병자호란을 자초하기에 이른다.

북인의 실패와 인조반정

영화의 도입부에서 남이의 집에 무장한 사람들이 몰려와 남이의 아버지를 역적으로 몰아 죽이는 장면이 나온다. 영화가 전면에 내세우지는 않았지만, 아마도 남이의 가문이 광해군 측에 섰으며, 인조반정 때 남이 아버지가 죽었다고 설정한 것이 아닌가 싶다. 광해군 정권의 주요 당파는 북인이었으니 남이의 가문도 북인으로 설정되었을 가능성이 높다.

북인은 조식과 서경덕의 제자들이 주축이 되어 만든 당파로, 순정 성리학에 비해 도교나 불교 등 다른 사상에도 열려 있는 편이었다. 대표적인 학자로는 『홍길동전』을 쓴 허균을 들 수 있다. 북인의 이런 성격이 임진왜란 때 곽재우 같은 의병장의 활동으로 나타났고 전후 복구 상황에서 유연하게 적용되어 많은 실효를 거두었지만, 순정 성리학을 주장하던 서인과 남인으로부터 강한 공격을 받았다. 북인이 결정적으로 실패한 명분은 영창대군을 죽이고 인목대비를 유폐한 사건에 있었다. 인조를 옹립한 서인 정권은 이를 제일 큰 명분으로 삼아 광해군을 몰아냈다.

인조반정이 있고 14년 후인 1636년에 병자호란이 일어나니, 남이와 자인은 14년간 아버지의 친구 김무선(이경영 분)에게 의탁해 숨어 산 셈이다.

원래 역적 집안이 되면 남자는 모두 죽고 여자들은 지방관아의 기생이나 유력 가문의 사노비가 되기도 했다. 일례로 세종의 장인 심온(沈溫, 1375~1418)이 역적으로 몰려 죽고 나자 그의 아내, 즉 세종의 장모가 노비가 되었으며 세조 때에는 사육신의 처와 딸이 다른 양반 가문의 사노비가 된 일도 있다.

이런 예를 볼 때 남이와 자인은 인조 정권하에서 살아도 산 목숨이 아닌 셈이었다. 역적의 자식을 품어 준 김무선의 행동도 조선의 법대로 보면 역적을 도운 것과 다름없으니, 만일 발각되면 죽음을 면치 못했을 테다. 영화에서는 김무선이 자인과 그의 아들 서군(김무열 분)을 결혼시키는데, 이것도 당시로서는 있을 수 없는 일이다. 역적의 딸은 이미 신분적으로 노비였기에, 자인이 서군의 아내가 되어 신분이 노출되면 관에서 그녀를 노비로 데려가는 것을 피할 수 없다.

이런 당시 상황을 생각하면, 남이의 허랑방탕해 보이는 행동이 현실에 더욱 가깝다. 역적의 아들인 남이가 세상에 나타나면 바로 죽게 될 것이 분명하니, 그렇게밖에는 살 도리가 없는 것이다. 김무선이 부리는 하인들이 남이에게 존대하면서도 스리슬쩍 만만하게 여기는 것도 신분적으로 남이가 어쩌면 그들보다 못한 존재이기 때문이다. 그런 남이가 할 수 있는 일은 활쏘기 연습뿐이고, 그렇게 해서 신궁의 경지에 올랐다는 것은 매우 와닿는 설정이다.

예로부터 활을 잘 쏜 우리 민족

문헌상 우리 민족이 활을 쓰기 시작한 것은 고조선 때라고 하는데, 사실은 훨씬 더 오래되었을 것으로 보인다. 중국 문헌은 고조선의 활을 단궁(檀弓)이라고 부르며 당시 최고의 활이라고 평하고 있다. 단궁은 박달나무로 만들어졌으며 길이가 짧았다고 전한다. 활은 활 자루의 길이에 따라 장궁과 단궁으로 나눌 수 있는데, 우리 민족이 주로 쓴 활은 단궁이다. 단궁은 활 자루 길이가 2미터 이하로 휴대가 편하고 상대적으로 조작이 쉬운 것이 장점이다.

조선은 삼국 시대부터 쓰인 각궁(角弓)을 주로 썼다. 각궁의 주요 재료는 물소 뿔과 소 힘줄, 나무 등이다. 물소 뿔은 주로 중국에서 수입했는데, 조선 초기에는 명에서 조선 사람들이 활을 너무 잘 다뤄 자기들 국방에 위협이 된다는 이유로 물소 뿔을 수출하지 않으려 한 일도 있다. 영화에서 남이가 쓰는 활도 짧고 휴대하기 좋으며 단단한 각궁으로 보인다.

활은 만드는 과정이 매우 까다롭고, 하나 만드는 데 4개월이 넘게 걸리기 때문에 일반인이 쉽게 가질 수 없었다. 영화에서도 활은 주인공 남이가 아버지로부터 받아 소중하고도 매우 의미 있는 가문의 상징처럼 나온다.

화살의 종류는 다양했다. 현재까지 남아 있는 것은 대나무를 주재료로 만들고 살촉이 버들잎처럼 생긴 20그램 정도의 유엽전(柳葉

箭)이지만, 조선 시대에는 재료와 길이와 무게 등에 따라 여러 종류의 화살이 있었다. 영화에서 남이는 주로 나무에 철로 된 화살촉을 단 철전(鐵箭: 무쇠로 만든 화살을 통틀어 이르는 말. 육량전, 아량전, 장전 따위가 있다) 중 장전(長箭)을 가지고 다닌다. 이 장전의 무게는 한 냥(37.5그램) 정도로 휴대하기 적당했으며 일반적으로 전투에 많이 쓰였다.

영화에서 남이가 화살이 다 떨어져 궁여지책으로 쓰는 부러진 화살, 아기살은 이름과 달리 화살 중에서 파괴력이 가장 컸다. 아기살은 그 길이가 보통 화살의 3분의 1밖에 안 되는 8촌 정도라서 시위가 그냥은 당겨지지 않고 반드시 통아라는 대나무 대롱에 붙여서 쏘아야 했다. 하지만 사정거리는 보통 화살의 두 배인 300미터가량이었고 철갑을 뚫을 위력이 있었으며, 짧아서 낮에도 어디서 쏘았는지 모르게 표적을 맞히는 장점을 가졌다. 영화에서도 쥬신타(류승룡 분)가 아기살의 위력을 두려워하며 병자호란 당시 청군이 아기살

▌ 영화에서 남이가 아기살을 쏘는 장면. 아기살은 긴 통아에 덧대어 쏘는 것으로, 그 파괴력이 긴 화살보다 월등했다.

탓에 가장 많이 해를 입었다고 이야기한다. 조선 시대 학자 이수광 (李睟光, 1563~1628)도 『지봉유설芝峯類說』에서 조선의 대표적인 무기는 아기살이라고 했다. 국경에서는 편전(아기살)쏘기를 금지해서 외국에 이 기술이 알려지는 것을 막아야 한다는 이야기가 나올 정도로 아기살은 동아시아 중 우리나라에서만 널리 쓰였다.

영화에서 쥬신타는 육량전을 쏘는 육량궁(활)을 가지고 다니는데, 육량이라는 이름은 무게가 여섯 냥(220그램 정도)이라서 붙었다. 화살이 무거운 만큼 활도 길어야 했으며 당기는 힘도 어머어마하게 들어 육량궁을 개인이 휴대하기는 사실상 어려웠다. 영화에서는 활의 파괴력을 보여 주기 위해 육량궁을 가지고 다니는 것으로 설정했겠지만, 실제로 청을 세운 여진족이 승승장구할 수 있었던 것은 날렵한 기마술과 가볍고 정확한 활과 화살 덕분이다.

여진족의 군사제도

여진족의 군사 제도는 니루에 바탕을 두었다. 니루는 여진족의 전통적인 수렵 조직을 군사 조직으로 만든 것인데, 누르하치가 300명 단위로 한 니루를 만들게 하고 그 대장을 니루에젠이라고 했다. 영화에서 쥬신타가 바로 니루에젠이다. 그런데 니루는 청의 군사제도에서 가장 하급 단위로 그 위에 구사, 더 위는 깃발의 색에 따라 그 성격이 다른 팔기군(八旗軍)이 편성되어 있었다. 청 왕자인 도르곤(多爾袞, 1612~1650, 박기웅 분)의 삼촌뻘로 나오는 쥬신타가 겨우 니루 조직의 에젠 정도라는 설정은 잘못된 점이 있고, 쥬신타가 거느리는 사람들도 아무리 정예라지만 그 수가 너무 적어 역사적 사실성은 살리지 못한 듯하다. 영화의 설정대로 쥬신타가 도르곤의 삼촌뻘이라면 누르하치의 형제라는 이야기인데, 그렇다면 그는 적어도 팔기군 중 깃발 하나는 거느리는 대장 정도가 되어 있어야 할 사람이다.

또 자인을 겁탈하려 한 도르곤도 역사적 사실과는 다소 다르게 표현되어 있다. 도르곤은 누르하치의 열네 번째 아들로 병자호란 때 우리나라에 쳐들어온 청 태종 홍타이지(皇太極)의 배다른 동생이다. 병자호란 때 병사 1만 6000명을 이끌고 온 도르곤의 나이가 20대 중반이었다. 이것은 영화의 설정과 유사하다.

그는 강화도에 있던 소현세자와 봉림대군을 포로로 잡고 평안도와 황해도, 함경도 지역을 약탈, 방화했다. 영화에서는 자인이 만주로 끌려간 다음에 도르곤을 만나는 것으로 되어 있지만, 실제로 도르곤은 그때 조선에 와서 포로를 잡아가는 데 열을 올리고 있었다. 영화와 달리 도르곤은 죽지 않고 삼전도에서 인조가 항복하는 자리에 있었고, 전쟁이 끝나자 조선인 포로와 인삼, 금 등의 공물과 공녀 수백 명을 빼앗아 심양(瀋陽)으로 귀환했다.

도르곤은 훗날 태종 홍타이지가 죽은 후 황제가 되지 않고 홍타이지의 어린 아들 순치제(順治帝)를 돕는 섭정에 만족하면서 청이 중원을 차지하는 데 혁혁한 공을 세웠다. 그는 죽은 뒤에 황제로 추존되었다.

영화에서는 활이 강조되지만 병자호란 당시 쓰인 무기 중 조총도 있었다. 임진왜란 때 조총이 유입된 이후 40여 년간 꾸준히 훈련한 우리나라 조총 사격수의 솜씨도 활 쏘는 사람 못지않게 좋았다고 한다. 광해군 대 조총수들은 명과 청이 싸울 때 명의 요청으로 만주에 가 전투를 치르기도 했다.

조총이 유입되고도 오랫동안 활은 여전히 우리나라의 주요한 전쟁 무기로 이용되었다. 그만큼 우리 민족에게 활은 매우 익숙한 무

┃ 청이 중원을 차지하는 데 가장 큰 공을
세운 도르곤의 초상화.

기였다.

영화에서 남이가 구사하는 곡사(曲射)는 사실 영화적 재미를 위한 허구다. 어떤 활도 시위를 비틀어 쥔다고 해서 화살이 휘어 날아가지는 않는다고 한다. 그러나 혹시 모를 일이다. "두려움은 직면하면 그뿐, 바람은 계산하는 것이 아니라 극복하는 것이다." 하고 말하는 조선의 신궁이라면 진짜 곡사를 할 수 있었을지 누가 알겠는가?

11

구중궁궐 속
뜻밖의 권력

-궁녀-

조선 시대 구중궁궐 속에서 살아간 궁녀들의 엄혹한 삶과 숙종(肅宗, 재위 1661~1720) 대 장희빈(張禧嬪, 1659~1701)의 이야기를 모티브로 삼은 김미정 감독의 영화 〈궁녀〉(2007년 개봉)는 매우 잘 짜인 추리극에 공포를 보탠 수작이다.

궁녀는 동아시아사에서 매우 독특한 위치에 있는 존재다. 그들은 왕의 예비 후궁군으로 있으면서도 내명부라는 위계 속에서 관직을 받고 궁궐에서 필요한 일을 하던, 전근대에 직업을 가진 몇 안 되는 여성군이다.

우리나라에서 궁녀의 역사는 삼국 시대 이전부터 시작되었을 것으로 보이는데, 대표적으로 '의자왕의 3000궁녀'가 바로 이 궁녀의 존재를 증명한다. 궁녀 제도는 삼국 시대를 거쳐 고려 시대에도 지속되었고, 조선 시대에는 오늘날 우리가 사극에서 보는 것과 같은 정체성이 확정되었다. 궁녀는 유일한 남자인 왕을 바라보며 평생을 홀로 살아야 하는 비운의 존재였지만, 그 나름의 문화를 발전시켜 궁중문학* 장르를 만들어 내기도 하고 일정 정도 정·관계에 영향력을 행사하기도 했다.

궁궐 속 여자들만의 견고한 조직

영화는 이렇게 역사적으로 독특한 위치에 있던 여성 집단인 궁녀에 초점을 맞추어, 폐쇄된 조직에서 일어나는 막연한 공포와 부조리를 여성적 관점에서 풀어내고 있다.

영화는 궁녀 월령(서영희 분)의 자살 사건에서 시작한다. 궁녀 출신으로 의녀가 된 천령(박진희 분)은 월령의 시신을 검안하다가 그녀의 죽음이 단순한 자살이 아니라 누군가가 교묘하게 조작한 살인이라는 의혹을 품게 된다. 월령의 억울한 죽음을 밝히기 위해 천령은 궁궐을 동분서주하며 점점 진실에 다가가지만, 그 진실은 그야말로

● 궁중문학: 궁녀들이 남긴 문학작품 중에는 역사적 사실을 소설처럼 꾸며 기록한 것이 제법 된다. 광해군 때 유폐된 인목대비를 모시던 궁녀가 썼다는 『계축일기』를 비롯해 정조 때 이름 모를 궁녀가 쓴 『인현왕후전』, 인조반정을 기록한 『계해반정록』, 병자호란 당시의 일을 기록한 『산성일기』, 정조의 후궁이던 숙창궁 홍씨의 입궐기를 쓴 『숙창궁입궐일기』 등이 있다. 이로 볼 때 궁녀들은 한낱 궁궐의 일꾼이나 꽃 노릇을 한 데 그치지 않고 역사의 단면을 나름의 시각으로 해석하는 등 정견도 가지고 있었던 것 같다.

| 1906년에 순종의 황후 윤씨가 궁녀 및 대신 부인들과 찍은 사진. 궁녀는 내명부라는 위계 속에서 관직을 받은, 전근대에 직업을 가진 몇 안 되는 여성군이다.

일개 궁녀가 감당할 수 있는 수준의 것이 아니었다.

여기에 궁에서 살아남기 위해 모성을 저버려야 했던 천령의 슬픈 과거와 궁녀들의 언행을 단속하기 위해 공포 분위기를 조성하는 감찰 상궁(김성령 분), 권력 다툼 속에서 왕을 속이고 인간성을 희생하며 왕자를 만드는 희빈(윤세아 분)과 월령, 비밀을 권력으로 만들어가는 심 상궁(김미경 분)의 이야기가 섞이면서 영화는 점점 더 흥미진진해진다.

영화는 남성이 배제된 궁궐 속 대비와 희빈 등 왕실의 여인들부터 상궁, 나인과 의녀에 그 제자까지 여자들만의 조직이 만들어 내는 견고하지만 잔혹한 질서와 더불어 그 속에서 서로 묵계를 통해 다져 가는 절대 깨 버릴 수 없는 단단한 연대를 그리고 있다.

영화적 재미를 위해 궁녀들의 고통스러운 삶을 다소 과장해서 그려 냈지만 조선 궁녀들의 실제 삶도 영화와 별반 다르지 않았다.

궁녀란 왕족을 제외한 궁중의 모든 여인을 총칭한다. 상궁(尚宮)과 나인(內人)을 비롯해 그 아래 하역(下役)을 맡은 무수리(水賜), 방자(房子), 의녀(醫女) 등도 모두 궁녀에 속한다. 정식 궁녀는 신분적으로 중인 계급이 많았지만, 후대로 갈수록 그 삶이 한스럽다는 이유로 민간에서 딸을 궁녀로 들이는 것을 피했다고 한다. 대개 가난한 집안의 딸들이 궁녀가 되었다고 하며 신분이 딱히 정해진 것은 아니었던 듯하다. 다만 임금을 곁에서 모시는 지밀(至密)과 옷을 만드는 침방(針房), 수를 놓는 수방(繡房) 궁녀는 중인 이상 출신을 많이 뽑았고 그 외 궁녀는 상민이 많았다고 한다.

정식 궁녀는 계급이 상궁과 나인으로 나뉜다. 왕의 여인인 비빈 아래 가장 높은 궁녀 계급이 상궁이고, 그 밑에 상궁을 보좌하는 나인이 있었다. 나인 아래로는 나인이 될 예정인 견습 나인이 있었는데, 이들은 대개 어린아이였으며 아기나인이라고 불렀다.

궁녀의 정식 선발은 10년마다 한 번씩 있었고, 한말에 이르면 4년마다 한 번씩 뽑았다. 궁녀가 되려면 일단 처녀여야 하고, 선조 중에 역적이 없어야 하며, 선조나 가까운 친척 중에 중병을 앓은 이가 없어야 했다. 이것은 궁녀가 왕의 여자가 되어 후사를 낳을 수 있는 왕의 후궁 예비군이었기 때문이다.

궁녀를 들이기 전에 처녀인가 아닌가를 알아보는 데는 앵무새 피를 이용했다. 앵무새의 피를 팔뚝에 떨어뜨려 피가 묻으면 처녀이고 묻지 않으면 처녀가 아니라는 것이다. 아주 비과학적인 방법 같지만, 사실 이런 의식은 공포감을 조성해 궁녀가 되는 일의 엄중함을 드러내는 상징적인 행위였을 것이다. 왜냐하면 궁녀는 대개 다섯 살에서 열 살 무렵, 2차성징이 나타나기도 전에 선발되어 궁궐에 들어갔고 그 뒤로는 승은(承恩: 임금의 총애를 받은 여인이 임금을 밤에 모시는 일)을 입지 않는 한 공식적으로는 처녀로 살았기 때문이다.

궁녀의 위계

궁녀의 아래에 있는 무수리나 각심이, 방자 등은 노비 출신이 대부분이었다. 영조의 어머니인 숙빈 최씨(淑嬪崔氏, 1670~1718)가 이 무수리 계급에 속했다. 어릴 때부터 궁에 들어가 왕의 후궁 예비군으로 살았던 정식 궁녀와 달리 무수리는 왕만을 바라보아야 한다는 정조(貞操) 문제에서도 다소 느슨해서 처녀가 아니라 과부나 남편이 있는 사람도 될 수 있었다. 무수리 중에서는 궁으로 출퇴근을 하는 이도 있었다. 무수리는 대개 궁녀가 부리는 종이나 하인의 개념이라서, 출신이 명확하지 않은 하층민이 많았다.

훗날 영조가 왕이 되었을 때 어머니가 무수리 출신이어서 신분

콤플렉스를 가지게 된 데는 이런 배경이 있다. 같은 궁녀라고 해도 경종(景宗, 재위 1720~1724)의 어머니 희빈 장씨는 중인 출신 정식 궁녀였고 영조의 어머니 숙빈 최씨는 그 뿌리와 과거를 알 길이 없는 사람이었다. 그래서 영조는 숙종의 아들이 아니라 노론의 배후 권력이던 김춘택(金春澤, 1670~1717)의 아들이라는 소문에 시달리기도 했다. 영조에 반기를 들고 난을 일으킨 이인좌(李麟左, ?~1728)●는 국문을 받으면서 영조를 보고 '공은 선왕(숙종)과 조금도 닮지 않았다'고 말해 영조에게 맞아 죽기도 했다.

이렇듯 무수리는 왕의 후궁 예비군 축에도 들지 못할 만큼 낮은 신분이었고, 무수리였던 영조의 어머니가 후궁 자리까지 오른 것은 당시로서도 그야말로 획기적인 일이었다. 영조의 어머니 숙빈 최씨는 무수리로서 후궁이 된 유일한 예다. 이를 보면 왕이 궁녀를 취할 때도 신분을 가린 것을 알 수 있다. 조선 초기에는 노비 출신으로

● 이인좌: 이인좌는 영조 즉위로 몰락한 소론파(少論派)와 불평분자를 규합해 정희량 (鄭希亮)과 더불어 밀풍군(密豊君) 탄(坦)을 추대하고 1728년(영조 4) 병란을 일으켜 청주를 함락하고 진중에 경종의 위패(位牌)를 모시며 스스로 대원수가 되었다. 이인좌의 난은 한때 삼남 지역을 휩쓸며 규모가 커지기도 했다. 그러나 안성(安城)에 이르러 병조판서 오명항(吳命恒)을 도원수로 한 관군에게 대패하고 서울에 압송되었으며 그 여당도 모두 평정되었다. 집권 초기에 일어난 이인좌의 난 때문에 영조는 자신의 권위에 큰 상처를 입었다고 생각했다. 이 난은 영조 집권 내내 영조의 치명적 약점으로 작용했다. 이인좌는 영조가 숙종의 아들이 아니며 경종을 살해했다고 주장했고, 이런 주장은 알게 모르게 소론 사이에 퍼져 나가 사회 불만 세력들이 종종 이용하는 풍문이 되었으며 훗날 사도세자가 뒤주에서 죽는 임오화변(壬午禍變)의 빌미가 되기도 했다.

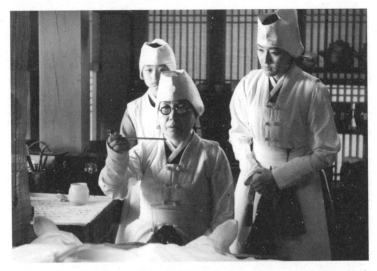

▎ 영화 〈궁녀〉에서. 신분상 관비였던 의녀는 궁중의 내의원(內醫院)이나 혜민서(惠民署)에 소속되어 부인병을
구호, 진료하던 여자 의원이다.

왕의 아이를 낳은 여인들이 종종 있었는데, 이들도 후궁의 반열에
까지 도달하지는 못했다.

　한편 궁녀가 부리는 사람 중에 각심이나 방자도 재미있는 부류
다. 이들은 주로 궁녀의 개인 살림을 맡았지만, 왕의 여인이 되지
못하고 평생을 홀로 지내다 늙는 외로운 궁녀들이 수양딸처럼 기르
는 아이도 있었다. 그래서 데리고 자는 아이라는 뜻에서 방아이라
고 부르기도 했다. 영화에서 천령이 데리고 있는 견습 의녀가 이 방
아이에 해당한다.

　영화에서는 천령의 신분이 의녀인지, 궁녀인지 다소 혼란스럽게

설정되어 있다. 의녀는 궁궐 여인들의 의료 문제를 담당했으며 신분상으로는 관비였다. 그래서 천령처럼 상궁 복장을 할 수는 없었고, 어디까지나 궁녀의 아래에 있던 직업군이다.

의녀는 궁중의 내의원(內醫院)이나 혜민서(惠民署)에 소속되어 부인병을 구호, 진료하던 여자 의원이다. 남녀가 유별하다는 규범 때문에 궁중에서 비빈을 비롯한 여성들이 남자 의원에게 진맥 받는 것을 수치스럽게 여겨 진료를 거부하고 죽는 일이 자주 발생하자, 이를 개선할 요량으로 만들어진 직업군이다. 의녀는 관아에 소속된 노비 중에 영리한 여자아이를 뽑아 맥 짚는 법과 침놓는 법 등을 가르쳐 궁녀들에게 침을 놓거나 비빈들의 해산을 돕게 하였다. 한류를 이끈 드라마 〈대장금〉에서도 장금이 궁녀에서 탈락하자 관비 신분으로 노력해서 의녀가 된다. 의녀는 정식 궁녀와 달리 궁궐에만 사는 것이 아니라 가정을 꾸리기도 하고 출퇴근을 했다.

영화에서 천령은 의녀 일을 하면서도 상궁의 지위에 있다. 상궁의 일 중에서 의료 행위는 없으니 천령은 영락없이 의녀인 셈인데, 조선 시대에 의녀와 상궁의 겸직은 불가능했다. 따라서 등장인물을 설정하며 의녀라는 직업의 특징을 일부만 가져다 이용한 듯하다.

공포심을 유발하는 독특한 통과의례

조선 시대 정식 궁녀들은 대개 다섯 살에서 열 살 사이에 궁녀 후보로 궁궐에 들어가 궁녀 교육을 받고 평생을 궁궐에서 보낸다. 궁에 들어갈 때 그 안에서 일어나는 모든 일에 대해 귀머거리, 벙어리, 장님이 될 것을 맹세하며 평생을 왕의 잠정적 아내로 살아갈 것을 강요받았다.

영화에서 가장 공포 분위기를 조성하는 '쥐부리글려'는 실제로 섣달그믐 밤 궁궐에서 궁녀들을 모아 놓고 하던 행사다. 조선 시대 궁녀는 대개 500명 내외였는데 다양한 연령의 여인들이 모인 데다 국가권력의 정점인 왕을 모시는 집단이다 보니 말도 많고 탈도 많았던 것이 사실이다. '쥐부리글려'는 1년에 한 번 공포 분위기를 조성함으로써 궁녀들의 입과 행동을 단속하려는 뜻에서 행해졌다. 그 형식은 칠흑같이 어두운 대궐 뜰에서 아기나인들의 입에 떡을 물리고 수건으로 입을 막은 뒤 한 줄로 세우고 입 앞에다 횃불을 들이대며 "쥐부리글려, 쥐부리 지져!"를 외쳐 위협하는 것이다. 이때 왕비는 모든 내명부를 거느리고 나와 이를 구경함으로써 궁궐 내의 기강을 세우고자 했다.

예비 궁녀는 어린 나이에 궁궐에 들어가 15년 정도 지나면 관례(冠禮)를 올리고 나인이 되어 정식 궁녀가 되는데, 이 관례라는 것이 신랑 없는 결혼식인 셈이다. 관례를 올린 궁녀는 왕이 취하든 취하

▎영화 〈궁녀〉에서 '쥐부리글려' 장면. '쥐부리글려'는 섣달그믐 밤, 새로 입궁한 궁녀들의 입단속을 위해 수십 명의 내시들이 횃불로 궁녀들의 입을 지지는 시늉을 하면서 공포 분위기를 조성하는 의례다.

지 않든 그의 여인으로 평생을 살아야 할 의무가 생긴다. 그렇기 때문에 다른 남성과 관계를 맺으면 왕에 대한 배신으로 간주되어 극히 엄하게 처벌받았다. 그러나 피 끓는 젊은 궁녀들 중에는 내시나 궁을 드나드는 별감 등과 남몰래 연애하는 경우도 있었고, 그중에는 왕족인 종친과 사랑을 나누는 경우까지 있었다.

영화의 배경이라 짐작되는 숙종 대에도 실제 궁녀와 종친 간의 연애 사건이 터져 큰 정치적 문제가 되었다. 숙종의 오촌 당숙인 복창군과 복평군 형제가 궁녀 김상업과 내수사 여종(궁녀들을 보필하는 각심이나 방아이로 추정된다) 귀례와 관계를 가지고 아이까지 낳았다는 것이다. 이 사건은 홍수의 변(궁녀 옷의 소매가 붉어서 홍수라고 한다)이라고 하며 숙종의 어머니 명성왕후(明聖王后, 1642~1683)의 주도로 밝혀졌는데, 서인이 남인을 몰아내는 정치적 사건으로 비화되었다.

조선 후기에 편찬된 법전『속대전』에 '궁녀가 외부 사람과 간통하였을 경우 남녀 모두를 부대시참한다(宮女通姦外人者 男女皆不待時斬)'는 조항이 있고 정조(正祖, 재위 1776~1800) 대에도 왕이 직접 궁녀들의 행실을 질책하며 엄히 단속할 것을 명했으니 궁녀의 연애 사건은 제법 자주 일어난 듯하다. 영화에서 천령을 임신시킨 뒤 버리고 다시 수방 궁녀인 벙어리 옥진(임정은 분)을 유혹하는 대비의 외종질 정랑 이형익(김남진 분) 같은 관리도 아주 없었다고는 말할 수 없다.

궁녀들은 부서의 고하에 따라 위계가 엄격하게 정해지고 각 부서 간 알력도 만만찮은 등 남성들의 관료조직 못지않은, 어쩌면 그보다 더한 위계를 구축해 자신들의 삶을 통제하고 음지에서 국가 권력을 좌지우지하기도 했다. 실제로 궁녀들 중에는 권력의 실세인 양반가와 연대해 궁 안의 비밀 등을 흘리거나 궁궐 밖 소문을 궁에 들여와 은밀히 왕이나 왕비의 귀에 들어가게 해서 정치적인 힘을 행사하는 경우도 있었다. 궁녀의 상층부를 차지하는 부류 중에는 양반 가문의 서녀나 수양딸도 꽤 있었다. 양반가에서 정략적으로 궁녀를 들여보내는 데는 궁궐 안 소식을 남몰래 들으려는 의도가 있지만, 거기에 더해 그 궁녀가 혹시나 왕의 눈에 들어 승은을 입고 왕의 아이라도 낳으면 그야말로 왕의 외척으로서 권력의 핵심이 될 기회가 생긴다는 이유도 있다.

숙종 대 장희빈의 부침을 두고, 그녀가 남인 세력이 기획한 인물로서 숙종을 통해 권력을 좌지우지하려 했다는 평가가 있다. 이것이 사실이든 아니든, 조선 후기 정치사에서 궁녀가 어느 정도 영향력을 행사했기에 이런 시도도 나왔다고 볼 수 있으며 이런 평가도 가능하지 않은가 한다.

궁중 암투와 궁녀의 역할

영화는 배경이 되는 시대를 정확히 밝히고 있지는 않으나, 정치적 구도로 볼 때 숙종 연간의 상황을 참고한 것으로 보인다. 숙종의 어머니 명성왕후는 청풍 김씨로, 그녀의 아버지 김우명(金佑明, 1619~1675)은 서인 계열이었다. 명성왕후는 친정의 당파를 따라 서인의 편에 서는 경우가 많았고, 아들 숙종의 곁에 남인 계열의 여인이 접근하지 못하도록 궁내 남인 세력의 여자들을 추방하는 일에도 관여했다. 그래서 남인 계열이던 궁녀 장옥정을 숙종이 총애하자 궐 밖으로 내치기도 했다. 결과적으로 숙종의 사랑과 고집에 장옥정은 다시 궁궐로 들어가고 경종을 낳음으로써 희빈으로 승격되었다가 잠시나마 왕비 자리까지 오른다.

영화의 배경은 장희빈이 명성왕후의 뜻에 따라 궐 밖으로 내쳐
졌다가 다시 돌아와 왕자를 낳은 직후로 보인다. 영화에서 대비는
희빈을 궁녀 출신이라고 무시하며 극도로 싫어한다. 희빈의 아들
이 왕세자로 책봉되는 것도 막으려 하는데, 이를 민간의 일로 바꿔
보면 시어머니와 며느리의 인간적인 갈등이라고 할 수 있다. 또 정
치적으로는 서인과 남인이라는 당파의 대결 그리고 흠잡을 데 없이
고귀한 양반가 출신 여인인 대비와 중인 출신 궁녀였던 희빈의 신
분 갈등이라고도 볼 수 있다.

영화에서는 희빈이 궁녀 출신이기 때문에 궁녀들이 심정적으로

그녀를 응원하고, 그녀의 비밀도 연대를 통해서 굳게 지켜 나간다. 궁녀들이 피로써 묵계를 맺음으로써 세자가 되는 희빈의 아이에 대한 비밀을 지켜 나가는 장면은 국가의 최고 권력도 알고 보면 어느 정도 이들의 손안에 있었음을 보여 주는 것이다. 다소간 과장이 있기는 하나 이것이 실상일지 모른다. 궁이라는 여성들의 공간에서 그들의 결속력을 통해 만들어진 비밀스러운 음모와 계책들이, 국가의 최고 권력이지만 궁궐의 유일한 남성이던 왕을 좌지우지하기란 그다지 어렵지 않았을 테니 말이다. 그렇기 때문에 숙종 연간에 비록 잠깐이긴 하지만 장희빈이 왕비의 자리에까지 오르는 데 그녀를 응원하는 궁녀들의 힘과 노력이 아주 없었다고는 장담할 수 없다.

영화의 마지막에는 그전까지 보여 주던 숨 막히는 추리물에서 공포물로 장르가 확연히 변하는데, 일부에서는 이런 변화에 대해 다소 의아해하기도 했다. 이것은 공포라는 장르를 통해 잔혹한 조직에서 희생된 궁녀들의 여성으로서의 다층적인 한을 폭발시키고, 그들 삶의 부조리를 보여 주려 한 감독의 의도가 아니었을까?

12
—
넘을 수 없는
신분제의 벽

− 방자전 −

김대우 감독의 〈방자전〉(2010년 개봉)은 『춘향전』을 현대의 관점으로 재해석한 영화다. 따라서 이 영화의 주인공은 이몽룡과 성춘향이 아니고 방자(김주혁 분)다.

　영화는 고전소설을 재해석한 작품답게 옛날이야기를 하는 듯하면서 현재 우리 사회의 모습을 곳곳에서 풍자해 쓴웃음을 짓게 한다. 그리고 사극으로서 조선 후기 시대상을 반영해 『춘향전』에 녹아 있는 신분 상승의 염원, 상업의 발달과 신분제 해체 등 사회 변화를 방자의 삶을 통해 충실히 그려 냈다.

방에 딸린 아이, 방자

방자(房子)는 사실 특정 인물의 이름이 아니라 조선 시대 지방 관아에서 심부름을 하던 남자 종을 이르는 말이다. 방자는 주로 홀몸으로 부임한 관리들의 방을 치우거나 그들의 개인적인 잔심부름을 했는데, 방에 딸린 아이라 해 방자라고 불렀다. 일반명사 방자는 『춘향전』에서 남원부사의 아들 이몽룡의 방을 돌보던 방자가 유명해지면서 고유명사처럼 되어 버렸다.

방자는 공노비이기 때문에 모시는 주인은 부임하는 사람에 따라서 바뀌게 되어 있었다. 그러나 소설 『춘향전』이나 판소리 〈춘향가〉에서 방자는 마치 이몽룡 집안의 사노비처럼 이몽룡이 한양에 갈 때 그를 따라간다. 이는 조선 후기에 이미 노비 제도가 느슨해져 공사의 구분이 흐릿해진 상황을 반영한 것이라고 볼 수 있다. 영화 〈방자전〉은 한술 더 떠 방자를 한 집안에서 거느리는 솔거노비(率居奴婢)로 자리매김시켜 놓았다.

그런데 영화 속 방자가 분명 노비인데도 주인인 이몽룡에게 꽤나 방자(!)하게 군다. 최고 신분인 양반과 가장 미천한 신분인 노비가 남자의 자존심을 걸고 아름다운 여성을 차지하기 위해 팽팽한 심리전을 펼치는 것이다. 이것이 과연 가능했을까? 다소 과장은 있어도 조선 후기라면 아주 불가능한 일은 아니었을 테다. 고전소설 『춘향전』 속 방자도 일반적으로 생각하듯 주인에게 억눌린 노비의

영화 〈방자전〉에서 이몽룡과 방자. 방자는 특정 인물의 이름이 아니라 조선 시대 지방관아에서 심부름을 하던 남자 종을 이르는 말이다.

모습과는 사뭇 다르게 이몽룡을 때로는 놀려 먹으면서 유쾌한 모습을 보인다.

조선 후기는 신분제가 해체되기 시작한 시기다. 특히 18세기에 들어서면서 상업의 발달이 이런 현상을 더 부추겼다. 한결같은 소출을 보장하던 농업의 시대를 벗어나 여기저기서 시장이 형성되고 상업으로 거부가 되는 사람들이 생겨나면서 농경 사회에 기반한 신분제는 새로운 시대 상황에 맞춰 변해야만 했다.

그전에는 주인집을 벗어나면 굶어 죽을 수밖에 없던 노비들도 달아나 몸을 숨기고 시장을 떠돌다 보면 밥술을 뜰 수 있는 시대가

온 것이다. 국가에서는 도망 노비들을 잡기 위해 추노(推奴)를 했지만 노비의 이탈이 너무 많아 일일이 막을 수가 없었다. 개인적으로 추노를 하다가 오히려 노비에게 양반이 죽임을 당하는 일까지 발생했다. 상황이 이렇다 보니 주인은 노비를 함부로 대할 수 없게 되었고, 노비 또한 전처럼 밥 한 그릇에 모든 것을 내주지는 않을 만큼 인격적 자각을 하게 되었다. 여기에다 주인집에 함께 사는 솔거노비가 아닌, 일정하게 신공(身貢: 조선 시대에 노비가 신역身役 대신에 삼베나 무명, 모시, 쌀, 돈 따위로 납부하던 세)만 바치면 바깥에서 살 수 있던 외거노비(外居奴婢)는 인신의 자유를 누리며 재산을 모을 수 있었다.

영화 〈방자전〉의 방자는 이몽룡이 서울로 간 후 남원에 남아 외거노비가 되어 월매의 주막을 돕는 이 서방으로 변신한다. 그가 주인인 이몽룡의 집에 신공을 매번 바치지만 남원에서는 거의 자유로운 몸이 되어 월매의 기방을 끼고 상업 활동을 벌이며 돈의 힘으로 큰소리깨나 치는 위치까지 오른다. 그는 향리에게 줄을 대고 거리의 건달들과 어울리며, 오늘날로 치자면 조폭의 우두머리 정도로 성장한다. 이 역시 아주 불가능한 일이 아니었다.

하지만 주인인 이몽룡이 다시 나타났을 때, 그는 자신의 신분을 오랜만에 자각해야 했다. 남원 거리를 거들먹거리며 조무래기를 거느리던 이 서방은 간데없고, 주인집 도련님 앞에 고개를 조아리는 노비로 돌아가야 했던 것이다.

이익은 『성호사설』에서 기생이 양수척에서 비롯되었다고 했다.

말을 알아듣는 꽃, 기생

이렇듯 조선 후기에 아무리 느슨해졌다고 하더라도 여전히 공식적으로는 신분의 구분이 엄격했다. 영화 속 방자는 가급적 조선 후기 사회가 허용하는 테두리 안에서 신분을 벗어나지 않은 상태에서 살 길을 찾았지만, 춘향이의 꿈은 신분을 벗어나고자 하는 상당히 파격적이고 위험한 생각이었다.

조선 시대의 신분은 모계를 따르게 되어 있었다. 고전소설 『춘향전』에서 춘향이 비록 성 참판의 서녀(庶女)라고는 하나 어머니인 월매의 신분을 따르자면 그녀도 남원부의 관기가 되었어야 했으니, 방자와는 신분적으로 동등한 위치였다.

기생의 연원에 대해 여러 설이 있는데, 이익(李瀷, 1681~1763)은

『성호사설星湖僿說』에서 기생이 양수척에서 비롯되었다고 했다. 양수척은 한곳에 머물지 않고 주로 버드나무로 만든 바구니를 팔면서 떠도는 집단이었는데, 일반적으로 여진족 포로 또는 귀화인의 후예라고 알려져 있다. 고려 말기에 이들을 정착시키면서 각 읍의 노비로 만들었는데, 이때 용모가 고운 여자를 골라 춤과 노래를 익히게 하고 기생을 만들었다는 것이다.

한편 정치적·종교적 권력을 가졌던 고대의 무녀(巫女)가 권력을 잃으면서 기생으로 전락했다고 보는 경우도 있다.

그 연원은 분명치 않으나 기생은 일반적으로 나라에 소속되어 신분이 세습되었는데, 조선 시대에 들어 반역을 꾀한 역신(逆臣) 가문의 부녀자를 기생으로 만드는 경우도 있었다. 조선 초기 사육신의 처자들을 왕이 다른 신하들에게 나누어 준 경우가 그 대표적인 예다.

기생은 기본적으로 각 지방관아에 매인 관기(官妓)였다. 관아에 매인 몸이라도 관아에 살지는 않고 개인 집에서 출퇴근을 했다. 이들은 나라에서 벌이는 잔치나 술자리에서 노래나 춤, 풍류로 참석자들의 흥을 돋우는 일을 주로 했다. 이 밖에 의녀 역할을 하는 약방기생(藥房妓生), 바느질을 담당하는 상방기생(尙房妓生)도 있었다.

기생은 하는 일이 전문적이고 상대하는 남성들이 대부분 양반이었기에 그들과 수준을 맞추기 위해 기본적 교양을 갖추어야 했다. 또 노래와 춤 등이 일종의 공연이었기 때문에 이에 걸맞은 예술성

▌ 신윤복의 〈검무〉, 《혜원전신첩》, 간송미술관. 조선 시대 관기(官妓)는 나라에서 벌이는 잔치나 술자리에서 노래나 춤, 풍류로 참석자들의 흥을 돋우는 일을 주로 했다.

도 겸비해야만 했다. 그래서 조선 시대에는 기생을 '말을 알아듣는 꽃'이라 해 해어화(解語花)라고도 불렀다. 황진이나 매창 등 기생 출신 시인이 나온 것도 이들이 고매한 학자군과 대화를 나눌 만큼 상당한 수준의 교양을 갖추었기 때문이다. 춘향의 어머니 월매는 다소 무식한 여인으로 묘사되지만, 그녀가 성 참판을 상대할 정도였다면 지적 소양을 갖춘 여인이었을 것이다.

조선 시대 각 지방관아에 관리가 가족을 거느리고 부임하는 경우가 별로 없었기 때문에, 기생들이 관리들의 기본적인 생활 전반

「춘향전」한글판 영인본.

을 돌보고 의복을 마련하면서 잠자리까지 같이했다. 월매도 남원부
사로 부임한 성 참판을 모시다가 춘향을 가졌다. 이몽룡의 아버지
처럼 가족을 이끌고 부임하는 경우는 흔치 않았다.

기적(妓籍)에 오른 기생은 천민이라는 신분을 벗어날 수 없었고,
기생과 양반 사이에서 태어난 자식도 천자수모법에 따라 아들은 노
비가 되고 딸은 기생이 되었다. 그래서 춘향도 법대로 하자면 기생
이 되어야 하는 것이다.

기생이 양민이 되는 경우도 있었는데, 속신(贖身)이라 해 재물로
대가를 치름으로써 천민 신분에서 벗어나는 것이다. 대개 양반의
첩이 되면 양인이 될 수 있었고, 병이 들거나 늙어서 제구실을 못할
때 그 딸이나 조카딸을 기적에 들여놓고 자신은 나올 수도 있었다.
후자를 가리켜 대비정속(代婢定贖)이라 했다.

월매는 이 두 가지 제도를 이용해 딸이 자기처럼 기생이 되는 것
을 막았다. 다른 사람을 사서 춘향이 대신 기적에 올리고 춘향이를

속신시켜 양인 신분으로 만든 것이다. 훗날 변 사또가 춘향에게 수청을 들라고 할 때 춘향은 자신은 기생이 아니라 여염집 여인이라고 항변하지만, 변 사또가 '기생의 딸이면 기생'이라고 못 박는 것도 신분의 모계 세습 때문이다.

신분 상승이라는 염원이 담긴 『춘향전』

영화 〈방자전〉에서는 방자가 춘향(조여정 분)을 위해 가난한 글쟁이 양반(공형진 분)을 사서 소설을 쓰게 한다. 신분의 굴레를 벗어나고자 한 춘향의 꿈을 소설로나마 이루어 주고자 한 것이다. 그러나 『춘향전』은 원래 판소리로 만들어졌다가 나중에 소설로 정착되었다.

『춘향전』이 본격적으로 오늘과 같은 이야기 구조를 가지게 된 것은 영·정조 무렵으로 추측되는데, 작자나 연대는 미상이다. 실제 남원에는 춘향과 관련한 여러 가지 설화가 조선 중기부터 떠돌았다. 대부분 미천한 신분의 여인이 양반 도령을 사랑하다가 버림받고 자결하는 비극으로 끝난다.

한을 품고 죽은 여인 때문에 고을에 재앙이 생기자 사람들은 〈춘향가〉라는, 당시로서는 불가능한 신분 상승의 이야기를 지어내어 부르며 그녀의 한을 위로했다고 한다. 구전되던 〈춘향가〉는 1754

년에 유진한(柳振漢, 1711~1791)●의 문집 『만화집晚華集』에 기록되었다. 그가 남원 지역을 여행하다 들은 이야기를 「춘향가」라는 한시로 기록한 것이다.

남원에는 양 진사 설화라는 이야기도 있다. 남원 출신 양주익이라는 양반이 과거에 급제한 뒤 남원으로 돌아와 광대들을 데리고 놀았지만 너무 가난해서 보수를 줄 수 없자 대신 〈춘몽연春夢緣〉이라는 노래를 지어 광대들에게 주었다고 한다. 이 노래는 지금 전하지 않지만, 훗날 『춘향전』이 되었다는 것이다.

백성들의 꿈과 기대가 녹아 있다 보니 『춘향전』에는 당시 사회상에서 있을 수 없는 일도 종종 들어간다. 기생의 딸인 춘향을 이몽룡이 본처로 맞이했다는 것도 불가능하고, 그가 암행어사가 되는 과정 또한 그러하다.

『춘향전』 속 열여섯 살 이몽룡은 홍안(紅顔)의 소년일 뿐 벼슬이 없었다. 그런 그가 아무리 천재고, 공부에 전념한다고 해도 제도상 과거를 치르려면 시간이 필요했다.

조선 시대 과거는 3년마다 한 번씩 치르는 식년시(式年試)와 특별한 경우에 실시하는 별시(別試)로 구성되어 있었다. 그리고 식년시 문과에 급제하려면 소과에 해당하는 생원시(生員試)나 진사시(進

● 유진한: 조선 영조 때의 문장가. 자는 중백(重伯), 호는 만화당(晚華堂). 1753년에 호남 지방을 유람하면서 보고 들은 판소리를 한시 「춘향가」로 옮기는 등 시로 이름이 높았으나 벼슬길에는 오르지 않았다. 저서에 『만화집』이 있다.

土試)를 거쳐 성균관에서 대개 4년에서 5년을 수학해야만 한다. 그런데 이몽룡은 한양에 간 지 얼마 되지 않아 과거에 급제했으니 식년시에 합격했을 가능성은 없다고 봐야 한다. 판본에 따라 다르긴 하나 일반적으로 『춘향전』에서 이몽룡은 창덕궁 춘당대에서 실시한 시험을 쳤다는데, 이 경우 조선 후기에 행해지던 춘당대 별시일 가능성이 높다. 그래도 이몽룡이 춘당대 별시를 치르는 데는 남원을 떠난 뒤 적어도 1년 넘는 시간이 들었을 것이다. 그런데 춘향이 이몽룡 아버지의 후임 남원부사 변학도에게 바로 핍박받기 시작해서 수청을 강요받기까지는 얼마 걸리지 않는다. 이몽룡은 그 사이 속 전속결로 과거에 급제하고 암행어사가 되어 남원에 내려오는 것이다. 기간상 이것은 거의 불가능하고, 사실 암행어사는 갓 급제한 신임 관료에게 주는 자리도 아니었다. 암행(暗行)이라는 말 그대로 비밀리에 왕이 지시한 업무를 처리하는 암행어사는 왕이 특별히 신임하는 시종신(侍從臣)이 아니면 될 수 없었다.

이몽룡의 모델이 된 실존 인물은 조선 중기 청백리로 알려진 성이성(成以性, 1595~1664)이라는 이야기가 있다. 성이성은 주로 언관 자리에 있으면서 바른말을 잘했다. 그래서인지 견제 세력이 많아 높은 자리까지 오르지는 못했지만, 왕이 그를 신뢰하고 아껴서 몇 번이나 암행어사로 임명했다. 인조·효종·현종, 3대를 모셨으며 죽은 후에는 청백리에 오르고 부제학 품계를 받았다.

성이성의 관직 이력을 보면, 상당히 곧은 성격에다 부정이 별로 없던 사람 같다. 백성들은 이몽룡에게서 기대할 만한 올곧음을 그에게서 발견하고, 그를 모델로 이몽룡의 성격을 구성했을지도 모른다. 게다가 그는 남원부사였던 아버지를 따라 남원에서 청소년기를 보냈으며, 암행어사 시절에도 여러 차례 호남 지방으로 출두하고 탐관오리를 벌했다고 한다.

그는 말년에 광한루에서 예전에 알던 늙은 기생을 만나고 소년 시절 일을 그리워하며 잠을 못 이루었다는 일기를 남겼다. 실제 그가 젊은 시절 남원에서 경험한 로맨스가 여러 가지 설화와 만나 『춘

▌ 영화 〈방자전〉처럼 성이성이 버리고 간 기생을 거두어 남은 인생을 돌봐 준 남자가 있었을지도 모른다.

향전』으로 재탄생했을 가능성이 크다.

　　그러고 보면 영화 〈방자전〉처럼 성이성이 버리고 간 기생을 거두어 남은 인생을 돌봐 준 남자가 실제로 있었을지도 모른다. 그가 방자건 아니건, 춘향에게는 영화 속 방자처럼 듬직하고 믿음이 가도 결코 그녀의 꿈은 이루어 줄 수 없는 슬픈 지아비였을 것이다.

13
—
정조 암살
미수 사건

– 역린 –

2014년 영화계에 불어닥친 역사 영화 대유행의 출발점이 된 영화 〈역린〉(2014년 4월 개봉, 감독 이재규)은 당시 군에서 제대한 스타 현빈의 캐스팅으로 화제가 되기도 했다. 18세기 말 조선의 22대 왕인 정조를 둘러싼 정치적 암투와 실제 있었던 시해 음모 등을 소재로 한 이 영화는 정조 재위 초년의 정치 상황을 뛰어난 영상미로 흥미롭게 그리고 있다. 상당히 복잡하고 미묘했던 당시 정황을 잘 알지 못하는 관객을 위해 제작사에서 영화의 시대적 배경을 설명한 동영상을 만들어 홍보한 것도 화제였다.

정조는 흔히 조선의 중흥기를 이끈 왕으로 알려졌으며 세종과 더불어 성군으로 자리매김하고 있다. 특히 1990년대 이후 한국 사학계에서 정조 시대를 다양하게 조명하는 연구가 많아졌는데, 이런 학문적 성과가 문화계로 넘어가 이 시대를 배경으로 한 소설과 영

▍영화 〈역린〉에서 정조(현빈 분). '역린(逆鱗)'은 왕의 노여움이나 분노를 이르는 말로, 영화 〈역린〉은 정조를 분노하게 만든 그 무엇에 관한 이야기다.

화, 드라마 등을 많이 만들어 냈다. 이 문화 콘텐츠들은 대개 정조가 아니라 그 시대를 중심으로 이야기를 꾸려 나갔는데, 정조가 주인 공으로 주목을 받은 것은 드라마 〈이산〉(2007~2008년 방송) 이래 영화로는 〈역린〉이 처음이다.

붕당 갈등과 임오화변

현대에 자주 쓰지 않는 '역린'이라는 단어를 영화 제목으로 처음

접한 사람이 많을 것이다. 역린은 어떤 뜻일까? 거스를 역(逆), 비늘 린(鱗). 다시 말해, 거꾸로 난 비늘이라는 뜻이다. 춘추전국시대 법가 사상가 한비자(韓非子)가 쓴 『한비자』 중 설득의 어려움을 다룬 「세난說難」편에 '역린'이라는 말이 나온다.

> 용은 성질이 유순하므로 길들이면 탈 수도 있다. 그러나 턱 밑에 길이가 한 자나 되는 '거꾸로 솟은 비늘(逆鱗)'이 있으니, 용을 길들인 사람이라 할지라도 만약 이것을 건드리면 반드시 용에게 죽임을 당한다. 군주한테도 역린이 있으니, 군주를 설득하고자 하는 사람은 이 역린을 건드리지 않아야만 성공을 기대할 수 있다.

대개 용이 왕을 가리키니, 역린은 왕의 노여움이나 분노 또는 건드리면 왕이 분노할 왕의 약점 등을 이르는 말이다. 영화 〈역린〉은 정조를 분노하게 할 그 무엇에 대해 이야기한다. 정조의 분노 혹은 약점은 대체 뭘까? 그것은 바로 아버지 사도세자의 비참한 죽음과 그 죽음을 둘러싼 붕당 정치의 논리일 것이다.

조선 시대 왕실에는 잔혹한 스캔들이 꽤 많지만 뭐니 뭐니 해도 그중 가장 말초적인 흥미를 불러일으키는 것은 임오화변이다. 69세 아버지 영조가 28세 아들 사도세자를 음력 5월, 즉 양력으로 6월에서 7월로 넘어가는 한여름에 8일간 뒤주에 가두고 아무것도 먹지도 마시지도 못하게 해 죽음에 이르게 한 사건이 바로 임오화변(1762)

이다.(이 임오화변을 직접적으로 다룬 영화로 〈사도〉가 있다.) 이들 사이에 무슨 일이 있었기에 이토록 망극한 사건이 벌어졌을까? 사건의 원인을 두고 여러 의견이 있는데, 그중 하나는 이 부자를 사이에 두고 일어난 붕당 간 갈등이 원인이라는 것이다. 영화 〈역린〉은 바로 이 의견을 따른다.

영조가 즉위하던 18세기 초 조선의 중앙 정치 무대는 지난 세기 동안 누적된 붕당 간 대립이 극에 달해 있었다. 과열된 붕당 간 경쟁은 정치적 생명뿐만 아니라 진짜 목숨까지 걸어야 하는 진검승부가 되었다. 숙종 대에 몇 차례 남인을 제거하고 권력을 잡은 서인은 다시 노론과 소론으로 분열되었다. 그리고 이 노론과 소론의 대립은 숙종의 뒤를 이을 왕과 관련해 또다시 피바람을 예고하고 있었다.

자기 당의 이익을 위해 왕위까지 쥐락펴락하려고 하는 신하들의 등쌀에 연잉군(훗날 영조)과 그의 배다른 형인 왕세자(훗날 경종)는 서로 다른 당을 등에 업고 왕위를 차지하기 위한 경쟁에 나서야 했다. 왕세자는 소론의 지지를 받았고, 연잉군은 노론이 밀었다. 자신이 원하든 원치 않든 자신을 지지하는 신하들의 붕당에 따라 정치적 색깔을 정해야만 했던 숙종의 두 아들은 불행한 이복형제였다. 게다가 왕세자는 아버지 숙종의 변덕스러운 사랑 탓에 궁녀에서 왕비로 다시 희빈으로 신분이 바뀌다가 끝내 사약을 받고 생을 마감한 장희빈의 아들이라는 부담감이 있었고, 비록 세력이 큰 노론의 지지를 받았지만 연잉군은 어머니인 숙빈 최씨가 천한 무수리 출신

▌〈연잉군 초상〉, 국립고궁박물관. 영조가 연잉군
(延礽君) 시절이던 21세 때(1714) 그려진 초상화.

이라는 콤플렉스를 안고 있었다.

장희빈을 제거한 노론은 보복이 두려워서 경종이 왕위에 오르는
것을 막아 보려고 했으나 실패했다. 하지만 경종의 심신이 허약한
것을 노려 숙종을 선동하고는 그로부터 경종의 뒤를 연잉군이 잇도
록 하라는 명을 이끌어 냈다. 아무리 몸이 허약해도 아직 젊은 경종
에게 대를 이을 자식이 태어날 것을 바라지 않고 동생에게 왕위를

물려주게 한 신하들의 행동은 왕권에 대한 심각한 도전이자 목숨을 건 모험이었다. 왕세제(다음 왕이 될, 왕의 동생) 자리를 확보해 준 노론과 한배를 탄 연잉군에게도 이것은 운명을 건 승부수였다. 허약한 경종이 요절해 왕위를 넘겨받거나 혹시라도 후사를 본 경종의 손에 역적으로 몰려 죽을 갈림길에 선 것이다. 이런 상황에서 연잉군에게는 천만다행으로 경종이 재위 4년 만에 후사 없이 요절하고 만다. 1724년, 영조는 조선의 21대 왕이 되었다.

천신만고 끝에 왕좌를 차지한 영조는 형 경종이 평생 마음의 짐이었다. 더욱이 영조의 즉위로 권력에서 소외되기 시작한 소론 측에서부터 경종의 죽음에 대한 의혹이 서서히 일어났다. 일부에서는 영조가 경종을 독살한 데다 숙종의 아들이 아니라는 소문까지 퍼졌다. 영조의 어머니가 근본을 알 수 없는 무수리였는데도 노론의 후원을 받았으니 영조의 아비가 노론의 세력가 중 하나일 것이라는 소문이었다. 가뜩이나 어머니의 신분 때문에 출생에 대한 콤플렉스가 있던 영조에게는 참으로 참담한 소문이었다.

정쟁이 불러온 왕실의 참혹한 비극

이런 가운데 1728년에 소론 중 과격파였던 이인좌가 반란을 일으켰다. 난이 진압된 뒤 잡힌 이인좌는 직접 국문하는 영조 앞에서

그를 결코 왕으로 인정하지 않았고, 영조가 숙종의 자식도 아니라
고 주장하다가 이틀 만에 참살되었다. 이인좌의 난은 영조에게 크
나큰 상처를 안겼다. 그리고 결국 훗날 영조가 자기 자식까지 죽이
는 비극을 낳았다. 영조가 즉위한 뒤 노론 중심으로 돌아가는 정치

상황은 중앙 정계에서 소외된 일부 소론의 불만을 키웠다. 소론에게 경종의 죽음과 영조의 출생에 대한 괴소문은 언제나 은밀한 험담거리였으며 언제든 수면 위로 떠올라 문제가 될 수 있었다.

영조가 즉위하고 20년도 더 지난 1755년에 나라의 정치를 비난하는 글이 나주 거리에 붙었다. 이를 '나주 벽서 사건'이라고 한다. 주도자는 이인좌의 난 때 유배를 당한 소론 윤지(尹志, 1688~1755)와 그를 따르는 사람들이었다. 이 사건을 조사하는 과정에서 영조가 왕위를 물려받을 즈음의 의혹, 즉 경종 독살설이 다시금 불거졌다. 경종이 와병 중에 영조가 올린 게장과 땡감을 먹고 죽었다는 소문이 전부터 있었는데, 나주 벽서 사건을 처리하는 과정에서 이 이야기가 다시 나온 것이다. 가뜩이나 콤플렉스가 있던 영조는 왕이 된 지 20년이 지나도 잦아들지 않는 자신에 대한 괴소문에 격노했다. 그리고 노론은 영조의 격노를 이용해 눈엣가시 같던 소론을 중앙 정계에서 한꺼번에 모조리 없애 버리려고 했다.

그런데 당시 20대 초반이던 영조의 아들 이선(李愃, 1735~1762), 즉 사도세자가 문제였다. 1749년부터 영조 대신 정사를 맡아보던 세자는 아버지의 분노 및 소론을 제거하려고 하는 노론과 어느 정도 거리를 두고 사건을 해결하려고 했다. 노론은 세자가 자신들의 뜻대로 움직이지 않는다는 것을 알아차리고 당황했다. 소론에 대해 동정적인 세자의 태도에 앞날이 불안해진 노론은 세자가 왕위를 이을 경우 자신들에게 닥칠지 모를 일을 고민하기 시작했다.

한편 세자의 태도 또한 문제가 있었다. 영조를 싸고도는 노론에 대항해 남인과 소론, 소북 등 중앙 정계에서 상대적으로 힘이 약한 세력들이 대리청정을 시작한 세자에게 줄을 서면서 영조와 세자 사이에 묘한 긴장감이 생겼다. 여기에 세자의 상식을 벗어난 과격한 행동들이 노론에게 꼬투리를 주었다. 게다가 첫 번째 왕비 정성왕후가 죽은 뒤 60대의 영조가 노론 강경파인 경주 김씨 가문에서 새로 맞아들인 정순왕후가 세자의 입지를 더욱 불리하게 만들었다. 노론의 사주를 받은 정순왕후가 세자의 안 좋은 행동을 영조에게 부풀려 알리면서 아버지와 아들을 이간한 것이다. 콤플렉스 탓인지 원래 편애가 심하던 영조는 세자를 더욱 멀리하게 되었고, 세자는 궁내에서 칼을 휘둘러 궁녀를 죽이거나 몰래 궁을 빠져나가 관서(평안도) 지역을 돌아보는 등 비정상적인 일을 벌여 갈등의 골이 깊어졌다.

이런 상황에서 노론 측이 세자의 비행을 알리는 글 10조목을 영조에게 올렸다. 세자를 불러들인 영조는 분노 속에서 아들을 한여름 뒤주 속에 가둬 8일 만에 굶어 죽게 했다. 정쟁이 불러온 왕실의 참혹한 비극이었다. 세자가 비참하게 죽은 뒤에야 후회한 영조는 아들에게 사도, 즉 생각하고(思) 슬퍼한다(悼)는 뜻의 시호를 내리고 노론의 방해 공작 속에서도 끝내 왕위를 사도세자의 아들에게 물려줌으로써 아들을 죽인 아버지의 회한을 조금이나마 덜었다.

영화의 모티브, 정조 암살 미수 사건

정조가 왕세손(왕위를 이을, 왕의 손자)이던 시절, 그의 아버지 사도세자를 죽인 노론 측은 정조가 왕위를 잇지 못하게 하려고 갖가지 위기 속에 정조를 몰아넣었다. 그러나 정치적 입지가 불리하다고 여긴 정조는 자중자애 근신을 거듭하며 노론의 위협과 할아버지 영조의 시험을 통과해 냈다. 그는 왕위를 잇기 위해 아버지부터 버려야 했다. 죄인으로 죽은 사도세자의 아들이 아니라, 열 살 나이로 죽은 큰아버지 효장세자의 양아들로 입적하면서 왕세손 자리를 얻은 것이다. 열한 살 때 아버지가 뒤주에 갇혀 죽어 가는 모습을 직접 보고 할아버지에게 달려가 아버지를 살려 달라고 울면서 하소연하던 소년은 14년 넘게 아버지를 외면하며 할아버지와 그의 지지 세력인 노론의 심기를 건드리지 않았다. 그렇게 할아버지와 노론을 안심시키고 마침내 왕위에 올랐다.

그런데 왕권을 손에 넣자마자 정조는 세상이 잊어버린 또는 잊어버리려고 한 이름을 다시 불러냈다. 바로 아버지 사도세자였다. 영화에도 나오지만, 정조는 즉위식 후 바로 신하들을 불러 놓고 그 앞에서 자신은 사도세자의 아들이라고 천명했다. 노론에게는 선전포고와 다름없었다. 다급해진 노론은 자신들이 당하기 전에 왕을 없애야 한다고 생각했다. 그때 일으킨 사건이 〈역린〉의 모티브가 된 정유역변이다.

▌ 영화 〈역린〉은 1777년 7월 28일, 개인 서재인 경희궁 존현각에서 책을 읽고 있던 정조를 암살하려다 미수에
그친 사건을 모티브로 삼았다.

정유역변은 정조가 즉위한 다음 해인 1777년(정유년) 7월 28일
에 벌어진 정조 암살 미수 사건이다. 영화에서는 암살범들이 대놓
고 궁에 들어오는 상당한 규모의 액션 장면으로 과장되었는데, 실
제 정유역변은 사건 당일에 조용히 처리되었다. 정조가 개인 서재
인 경희궁 존현각에서 주위를 물리고 책을 읽고 있는데, 지붕에서
발소리가 들리고 기왓장이 깨지는 소리까지 났다. 놀란 정조가 급
히 사람들을 불러 살펴보게 하니, 존현각 지붕의 기왓장이 밟혀 깨
진 채 흩어져 있었다. 왕이 있는 곳에 몰래 침입하려는 자라면 자객
이 분명했다. 위기를 느낀 정조는 곧 창덕궁으로 옮겨 갔는데, 7월

28일 존현각 지붕에 오른 자객이 8월 11일 창덕궁에 다시 침입하려다가 붙잡힌다.

그리고 그 배후가 밝혀진다. 정조의 즉위를 방해하던 노론 강경파 홍술해(洪述海, 1722~1777)의 아들 홍상범(洪相範, ?~1777)이 주축이 되어 정조의 암살을 꾀한 것이다. 영화에서는 정조(현빈 분)와 대립각을 세우는 인물로 구선복(송영창 분)이 나오는데, 실제 이 정유역변 사건에서 왕을 시해하려고 한 범인을 잡은 사람이 구선복(具善復, 1718~1786)이다. 훗날 다른 역모에 연루되어 결국 제거되지만 그가 정유역변 때는 정조 편에서 범인을 잡는 공을 세웠는데, 영화는 이를 다르게 설정했다.

또 영화에서는 이 암살 미수 사건에 영조의 계비 정순왕후(한지민 분)가 연루되었다고 설정하고 있지만, 실제적인 증거는 없다. 분명 정순왕후는 사도세자를 죽음으로까지 몰고 가는 데 한몫을 했으며 정조가 왕위에 오르는 데 상당한 방해 요소로 작용했다. 하지만 정조가 즉위한 뒤에는 바로 뒷방 늙은이 신세가 되어 와신상담했을 뿐 대놓고 정조와 맞서거나 영화처럼 정조 앞에서 위세를 부리지는 않았다고 한다. 정순왕후의 보복은 정조가 죽은 후 그 아들 순조가 어린 나이로 왕좌에 올라 정순왕후에게 수렴청정이라는 권력이 생기면서부터였다. 정순왕후는 정조가 만든 일련의 개혁 정치를 폐지하고 정조 시대의 업적을 단숨에 없애버렸다.

조선사 중 정조가 통치하던 18세기 말은 새로운 세상을 기대하게 하는 상당히 고무적인 시기였다. 이는 비참한 가족사를 딛고 일어선 정조가 왜곡된 정치로 불우한 성장기의 한을 풀지 않고 제대로 된 정치적 행보를 보였기 때문에 가능한 일이었다. 일찍이 조선의 왕들 중에는 자기 콤플렉스를 극복하지 못해 정국을 엉망으로 만들고 백성을 도탄에 빠트린 예가 종종 있었다. 그에 비해 정조는 초인적인 힘으로 자신의 과거를 현재와 연관시키지 않고 할아버지 영조 대의 성과를 계승 발전시켰고, 상당히 파격적이고 개혁적인 정치 행보를 통해 선정을 베풀어 조선의 중흥기를 이끌어 냈다.

14

유교 순정주의에 반하는
자유로운 예술혼

-미인도-

몇 해 전 갑작스레 대두된, 조선 후기 풍속화가인 신윤복(申潤福, 1758~?)이 여성이라는 설에 기대어 만들어진 영화 〈미인도〉(2008년 개봉, 감독 전윤수)는 가문의 영광을 위해 여성성을 감추고 남자가 되어야 했던 신윤복(김규리 분)이 강무(김남일 분)와 사랑하며 자신의 본성과 예술적 개성을 찾아가는 이야기를 그리고 있다. 영화는 여기에 18세기 말 정조 대 초기의 사회상과 다소 경직된 문화 정책 속에서 자유로운 영혼의 예술가들이 느끼는 고뇌 등을 잘 섞어 넣었다.

신윤복 여성설은 그의 그림이 다른 남성 화가, 특히 김홍도(金弘道, 1745~?)의 그림과 비교할 때 가늘고 섬세한 선을 보이며 소재가 주로 남녀의 사랑 이야기라는 점, 그리고 그의 호 혜원(蕙園)에 난초를 뜻해 남성에게는 잘 붙이지 않는 '혜' 자가 있다는 점에서 그가

▌ 영화 〈미인도〉의 한 장면. 신윤복 여성설은 그의 그림이 다른 남성 화가의 그림에 비해 선이 가늘고 섬세하며 소재가 주로 남녀의 사랑 이야기라는 점 때문에 생긴 가설이다.

여자가 아니었을까 하는 상상에서 비롯했다. 그러나 안타깝게도 신윤복이 여자였다는 역사적인 증거는 없다. 그래서 영화도 시작 부분에 내용 중 일부는 역사적 사실과 다를 수 있다고 자막으로 명기한다.

대를 이어 도화서 화원을 지낸 가문

그렇다면 실제 역사에 남아 있는 신윤복은 어떤 사람일까? 역시 안타까운 일이긴 하나, 그의 그림이 가진 명성에 비해 신윤복 개인에 대한 기록은 그다지 많지 않다.

신윤복은 김홍도, 김득신(金得臣, 1754~1822)과 더불어 조선의 3대 풍속화가로 불린 인물이다. 그는 풍속화뿐 아니라 중국 남종화(南宗畵: 산수화의 2대 화풍 가운데 학문과 교양을 갖춘 문인들이 비직업적으로 수묵水墨과 담채淡彩를 써서 내면세계의 표현에 치중한 그림 경향)풍 산수화나 새와 짐승을 그리는 데도 뛰어난 직업적인 화가였다고 알려져 있다. 신윤복 개인에 대해서는 알려진 바가 별로 없지만 그의 집안은 조선 후기 화가 가문으로 꽤 유명했다.

그의 아버지는 영화에 나오는 대로 신한평(申漢枰, 1726~?)이다. 신한평에 대한 역사적 기록은 후대에 유명해진 아들 신윤복보다 많이 남아 있어, 신윤복과 그의 주변을 짐작하게 해 준다.

영화에서는 신한평이 몰락한 가문을 일으키기 위해 딸을 사내아이로 만들어 도화서(圖畵署: 조선 시대 각종 의식이나 행사 그림과 초상화 그리는 일을 담당하던 관청)에 들어가게 할 만큼 다소 일그러진 집념의 인물로 나오는데, 실제 그는 정조 시기에 한 차례 귀양살이는 해도 굳이 딸아이를 사내로 만들지 않아도 될 만큼 상당히 잘나가던 화가였다.

도화서 화원이던 신한평은 이긍익의 『연려실기술』에 그림을 상당히 잘 그리는 사람으로 기록되었고, 젊었을 때는 영조와 정순왕후의 혼례를 담은 의궤(儀軌: 조선 시대 왕실에서 거행된 여러 가지 의례의 전체 내용을 소상하게 기록한 서책)와 영조·정조의 어진(御眞: 왕의 초상화) 작업에 참여했다. 영조의 어진을 그리는 작업에는 김홍도도 참가했는데, 신한평과 김홍도의 나이를 보면 이들이 선후배 내지는 사제 관계였을 가능성이 높고, 함께 작업을 한 만큼 그럭저럭 괜찮은 사이였을 것으로 짐작된다. 여기서 훗날 신윤복과 김홍도의 인연까지 짐작할 수 있을 듯하다. 신한평은 일흔일곱 살에 순조의 혼례 의궤 작업에도 참여하는 등 말년까지 궁중의 공식 기록화가로서 이름을 날렸다.

신윤복의 아버지뿐만 아니라 조부도 화원이었고, 작은할아버지도 당대 유명 화원이던 신일흥(申日興)이다. 말하자면, 신윤복은 가계로부터 재능을 물려받은 모태 화가였다고 할 수 있다. 신한평은 채색에 능했다고도 전하니, 신윤복의 그림에서 보이는 세련되고 우아한 채색 기법이 그 자신의 재능에서만 나온 것이 아님을 짐작하게 한다.

조선 시대 화원은 중인 계급으로, 도화서에 들어가는 것이 가장 큰 출세였다. 도화서 화원은 주로 국가 행사와 왕의 초상화를 그리는 기록화가로서 활동했다. 오늘날 국가 공무원으로 일하는 기록사진가와 같다고 할까? 이들은 개인의 취미와 의뢰에 따라 산수나 화조, 풍속을 그리기도 했다. 화원의 개인적 그림은 도화서 인근에 있던 그림 가게에서 팔려 나갔다. 당시 정식 그림 가게가 있었다는 것은 그림을 향유하는 사람이 많았다는 뜻이다. 이는 조선 후기 문화

朝鮮國咸山朱公諱道師字道前號青嶽先生遺像

歲康熙年

先生日當嘗彩調新相他丁亥八月二十六日卒于協之金賞村寓令壽七十三

此本即先生七十歲甲午冬幕師中里評朔昭寫

八月二十八日即先生體殁先生裎殁但相喜北考人

신한평이 그린 〈이광사 초상〉, 국립중앙박물관. 신윤복의 아버지인 신한평은 젊었을 때 영조와 정순왕후의 혼례를 담은 의궤와 영조·정조의 어진 작업에 참여한 궁중 공식 기록화가였다.

의 성숙도와 경제 상황의 발달도 짐작하게 한다.

도화서는 한성부 중부 견평방(지금의 서울시 종로구 견지동)에 있었다. 그리고 중인인 화원으로서 오를 수 있는 최고 관직은 종6품 별제였다. 『경국대전經國大典』에 따르면, 도화서에 그림을 배우는 생도 열다섯 명을 배치해 화원을 양성하게 하고, 국가의 각종 의식이나 행사 그림과 초상화 그리는 일을 담당하게 했다. 1746년(영조 22)에는 화원의 임무가 증대되면서 생도가 서른 명으로 늘었다.

영화에서처럼 신윤복이 도화서 화원으로 활동했는지는 불분명하다. 다만 대대로 화원을 배출한 그의 가문과 그가 그린 그림의 성취도로 보아, 도화서 화원으로 활동했을 가능성은 매우 높다. 하지만 자유분방한 인간의 감정을 담은 그의 그림이 당시 유교 이념을 중심으로 문화를 이끌어 가고자 하던 정조의 문화 정책과 맞지 않아 도화서에서 쫓겨났을 것이라는 속설이 전한다. 영화도 이 부분을 주요한 갈등의 축으로 삼고 있다.

정조는 개혁 군주이자 조선 후기를 중흥기로 이끈 성군으로 평가되지만, 그의 문화 정책은 다소 교조적이었다. 정조의 사상이 유교 순정주의를 추구하는 데 있었기 때문이다.

인조 집권 이후, 정치의 중심에 있던 서인은 소론(少論)과 노론(老論)으로 갈라졌다. 그 뒤 18세기 초 영조 대에는 거의 노론이 독주했다. 노론의 기본 사상 중에는 왕권과 신권의 견제를 통한 정책 운영이라는 큰 줄기가 있었는데, 이것이 영조 대를 거치면서 왕권을 위협하는 요소로 작용했다. 정조는 이런 노론을 누르고 왕권을 강화하기 위해 사상적 대항마로서 유교의 순정 시대로 돌아가자는 남인을 대거 등용했다. 이것은 이미 비대해져 부패의 위험성이 있던 노론 세력을 견제하고 부정을 일소한다는 의미가 컸지만, 문화를 유교 순정주의적인 다소 경직된 분위기로 되돌리려 함으로써 당시 사회경제 발전으로 자유로워진 문화적 분위기를 다시 옥죄는 역효과를 불러오기도 했다.

정조는 인간의 감정보다는 이성을 중시하는 지식 군주였기에 당시 유행하기 시작한 패관문학(稗官文學: 민간에서 수집한 이야기에 창의성과 윤색을 더한 산문 문학. 뒤에 소설 발달의 모태가 된다)이나 풍속화를 그다지 좋아하지 않았다. 그래서 그는 인간 감성에 와닿는 문예적 분위기를 없애고자 했고, 이런 분위기를 풍기는 자는 관료로 채용하지도 않았다.

아마도 신윤복은 이렇게 유교 복고적이고 교조적인 분위기에서 자유로운 예술혼을 감추지 못해 도화서에서 쫓겨났거나 스스로 나갔을 것으로 보인다. 영화 속 신윤복도 정조의 문화 정책을 견디지 못한 데다가 스스로 여성이라는 정체성을 숨길 길이 없어 바깥세상으로 뛰쳐나온다.

토속적인 김홍도, 도회적인 신윤복

그렇다면 영화에서처럼 신윤복과 김홍도(김영호 분)는 사제 관계였을까? 이 또한 분명하지 않지만 김홍도가 신윤복보다 열 살 정도 많고 신한평과 밀접한 관계였던 것으로 보아, 어느 정도 접촉은 있었을 것이다. 신윤복이 그린 산수화 곳곳에서 김홍도의 영향을 받은 듯 섬세하고 율동적인 사실화풍이 발견되는 점, 혜원(蕙園)과 단

신윤복의 〈선술집〉, 《혜원전신첩》, 간송미술관. 남성적이고 토속적인 김홍도에 비해 신윤복은 섬세하고 세련된 필치로 도회적인 소재를 그렸다.

원(檀園)이라는 호에서 원(園) 자를 같이 쓰는 점으로 볼 때, 두 사람이 밀접한 관계에 있었을 것이라고 짐작할 뿐이다.

그러나 풍속화에서는 김홍도의 그림이 남성적이고 토속적인 데 비해 신윤복의 그림은 섬세하고 세련된 필치에 다루는 소재도 도회적이어서 김홍도와 분명히 다른 특징이 있다. 특히 김홍도는 배경을 과감히 생략했지만, 신윤복은 당대 문화를 짐작하게 하는 배경을 섬세하게 표현했다.

신윤복이 당대에는 거의 주목받지 못하다가 사후에 이름을 날린데 비해, 김홍도는 당대에도 후대에도 많은 사람들로부터 사랑받은화가다. 특히 영조와 정조가 그를 특별히 아꼈으며 정조의 총애는더욱 각별했다. 정조는 호학 군주이긴 했지만 문체반정(文體反正, 16장 참조)에서 보듯 새로운 문화와 혁신적 사고를 좋아하지는 않았다.김홍도는 정조의 그런 생각을 잘 알고 있었기에 이를 그림에 구현하고 정조의 마음을 샀다.

김홍도는 자기 인생에서 상당한 기간을 도화서에 있으면서 정조가 바라는 그림을 그리고 왕실 기록화를 도맡은, 말하자면 어용 화가였다. 풍속화가 김홍도의 그림은 익살스러웠지만 도화서 화원으로서 그의 그림은 사실적이고 엄정했다. 풍속화 또한 당시의 다른화가에 비해 풍요로운 태평성세의 모습을 그림으로써 정조의 선정(善政)을 칭송하고 그가 다스리던 조선 사회를 성리학적 이상사회로묘사한다. 김홍도는 정조의 정책을 누구보다 잘 따르고 그것에 합당한 그림을 그렸다. 이런 공감대 형성을 통해 중인 신분이면서도정조의 특별 배려에 따라 지방 관리인 현감 자리까지 올랐다.

도화서 화원이라는 공석에서 물러나면 김홍도는 풍속화부터 산수화, 정물화까지 두루 그 화재(畵才)를 뽐내는 화가로서 활동했다.그의 집 앞은 그림을 얻으려는 사람들로 늘 북적거렸다고 한다. 그는 나라에서도 민간에서도 실력을 인정받은 행복한 화가였다.

이런 김홍도였기에 신윤복과 처음에는 사제 혹은 선후배 관계였을지 몰라도 말년에는 그다지 가깝지 않았을 것으로 보인다. 정조가 구현하고자 하는 세계를 거부한 신윤복은 김홍도와 전혀 다른 길을 걸었을 가능성이 크기 때문이다.

이익의 손자인 이구환(李九煥, 1731~1784)은 신윤복에 대해 '마치 방외인(속세를 떠난 사람) 같고, 여항인(저잣거리의 사람들)과 어울려 지내며 동가식서가숙하는' 화가라고 평했다. 이 글을 볼 때 신윤복은 어느 순간 유명한 화원 가문의 장남이라는 무거운 짐을 벗어던지고 한양 거리를 떠돌며 자신이 그리고 싶은 것들을 찾아 자신만의 그림 세계를 추구하는 예술가이자 기인으로 산 듯하다. 아마도 그가 주막이나 유곽 같은 곳에 많이 머물렀기에 남아 있는 그림 또한 남녀의 내밀한 정을 나타낸 것이 많다고 짐작된다.

〈미인도〉의 주인공은 누구인가

신윤복의 풍속화는 그가 중년을 넘기고 그린 것들이 많다. 영화에서는 신윤복이 젊을 때 풍속화를 그리기 시작하지만, 그가 남긴 그림의 연대를 보면 사실과 차이가 있다.

신윤복이 풍속화의 주요 소재로 삼은 것은 한량과 기녀를 중심으로 한 남녀 간의 낭만이나 애정인데, 소재의 선정이나 포착·구성·인물 표현법과 채색법 등이 김홍도와 다른 차원에서 일가를 이루고 있다. 김홍도의 풍속화가 대개 먹 하나로 힘차게 그려진 데 비해, 신윤복은 아름답고 조화로운 색을 많이 이용했다. 그의 이런 채색은 섬세하고 유려한 선과 조화를 이루어 남녀 사이에서 피어나는 애정과 낭만적 분위기를 잘 나타냈다. 또 신윤복의 그림은 굵은 선으로 배경을 과감히 생략하는 김홍도의 그림과 달리 주변의 풍경과 상황을 자세히 묘사하고 있다. 신윤복의 이런 화풍은 조선 후기 생활사의 면면을 살펴볼 수 있게 한다는 점에서 미학적인 가치뿐만 아니라 역사적 가치가 상당하다.

신윤복의 대표작으로 우리에게 가장 잘 알려진 작품은 뭐니 뭐니 해도 〈미인도〉다. 현재 간송미술관에 소장되어 있는 이 그림은 비단 위에 그려진 채색화다. 영화의 제목이기도 한 〈미인도〉가 영화에서는 신윤복의 예술혼이 그대로 녹아 있는 자화상으로 나온다. 그러나 신윤복은 여자가 아니었으니 모델이 있었을 것이다.

그림 속 주인공은 트레머리를 얹어 장식하고 짧은 저고리에 폭이 넓은 치마를 입었는데, 이런 복식은 조선 후기에 크게 유행했다. 그러나 이런 차림은 아무나 할 수 없었고, 기생이나 일하지 않는 유한 계층인 상류층 양반가의 여자들만 할 수 있었다. 당시 풍속화에 종종 등장하듯이, 조선 후기의 서민 여성들은 밭이나 논에 나가서 일을 했기에 속바지가 살짝 보일 만큼 짧은 몽당치마를 입었다.

머리를 장식한 가체가 상당히 흥미로운데, 이것은 영조 시기에 사치가 너무 심하다는 이유로 일반에서 하지 못하도록 금지되었다.

신윤복의 〈미인도〉, 간송미술관. 옷이
나 미모로 짐작하건대 실제 〈미인도〉의
주인공은 신윤복이 드나들던 유곽의 기
생이었을 가능성이 높다.

그런데 정조 대 신윤복의 그림에 버젓이 등장하는 것을 보면, 주인공이 여염집 여인은 아니었음이 분명하다.

〈미인도〉의 실제 주인공이 누구인지는 밝혀져 있지 않다. 아무리 화가 앞이라고 해도 양반가 여인이 외간 남자 앞에 얼굴을 보일 수는 없었을 테고 옷이나 미모로 짐작하건대 주인공은 신윤복이 드나들던 유곽의 기생이었을 가능성이 높다. 그림의 왼쪽 상단에 쓰인 시에 '화가의 가슴속에 만 가지 봄기운이 일어나니, 붓끝은 능히 실물을 그려낼 수 있었다〔盤薄胸中萬化春 筆端能與 物傳神〕'고 한 것으로 보아, 〈미인도〉의 주인공은 신윤복이 사랑한 여인이 아닌가 한다.

15
—
천재 관료 정약용의
기록되지 않은 나날

－조선명탐정: 각시투구꽃의 비밀－

2011년 겨울, 퓨전 사극을 표방하고 나온 영화 〈조선명탐정: 각시투구꽃의 비밀〉(감독 김석윤)은 500만 명 가까이 관객을 동원하며 제작비 대비 공전의 히트를 친 영화로 손꼽힌다. 이 영화는 코미디를 기본으로 하면서도 장르를 마구 뒤섞고, 그야 말로 퓨전 영화답게 역사적 사실 또한 여러 가지를 여기저기서 끌어다 재미있게 재구성했다.

영화는 18세기 말 정조 연간 실학의 융성, 무역을 바탕으로 한 상업의 발달, 천주교의 도래, 노론이 주축이 된 신권과 정조의 왕권 강화책의 갈등 등 역사적 상황을 바탕에 깔고 이야기를 전개한다.

영화가 주인공인 탐정(김명민 분)의 이름을 정확히 밝히지 않지만, 정약용(丁若鏞, 1762~1836)을 염두에 두고 만든 인물이 아닌가 한다.

〈조선명탐정〉의 모델은 누구였을까

영화는 마치 조선 후기에 탐정(探正)이라는 정5품 벼슬이 있었던 것처럼 표현한다. 사실 우리가 흔히 쓰는 탐정(探偵)은 이 가상의 벼슬과 다른 한자를 쓰고, '사정을 살펴 알아낸다'는 의미로 일본에서 영어 단어 '디텍티브(Detective)'를 옮길 때 만든 말이다. 조선 후기에 탐정과 비슷한 일을 한 벼슬을 찾자면 암행어사를 들 수 있다. 암행어사는 지방관의 비리를 알아내 벌줄 뿐만 아니라 민간을 사찰해 백성들의 은원(恩怨)을 해결하는 역할도 하였다.

조선 후기의 뛰어난 실학자로 정조의 총애를 받은 정약용은 1794년에 은밀히 왕명을 받고 적성, 마전, 연천, 삭녕 등 경기도 일대에 암행어사로 나갔다. 영화의 배경이 바로 이 지역 중 한 곳인 적성이다.

이때 정약용은 서른세 살이었다. 영화 속 명탐정이 임오년생이라고 나이를 밝히는데, 임오년(1762)은 정약용이 태어난 해다. 영화에서 탐정은 수찬(修撰: 조선 시대 학술, 언론 기관인 홍문관의 정5품 관직) 자리에 있다가 임금의 명을 받고 명목상으로는 남편을 그리워하다가 따라 죽은 열녀에게 정표*를 내리기 전 사실을 조사하기 위해 적성으로 간다. 정약용이 암행어사를 가기 전 직위도 홍문관 수찬이었다.

정약용이 적성 방면의 암행어사로 간 이유는 물론 영화에서처럼

연쇄살인범을 잡기 위한 것은 아니다. 그는 경기 서북부 일대 농촌의 상황을 살피고 수령을 감찰했다. 적성을 지날 때는 농촌의 비참한 현실을 보고 충격받는다. 그리고 암행어사의 일을 충실히 해내겠다는 다짐으로 시를 한 편 지었다.

● 정표: 착한 행실을 세상에 널리 알리는 일. 또는 이를 위해 비석이나 문을 세우는 것. 조선 시대에는 효자나 열녀 등에게 이런 정표를 내려 효자문이나 열녀문 혹은 비석 등을 세우게 했다. 나라에서 정표를 받은 후손은 잡역을 면하는 혜택이 있었다. 이 때문에 가짜 열녀나 효자가 나와, 나라에서는 이를 조사하기 위해 관리를 보내기도 했다. 암행어사가 이 정표 관련 실태를 조사하기도 했다.

(…) 구리 수저 이정(里正)에게 빼앗긴 지 오래인데 / 엊그젠 옆집 부
자 무쇠솥 앗아 갔네 / 닳아 해진 무명이불 오직 한 채뿐이라서 / 부
부유별 이 집엔 당찮네 / 어린것 해진 옷은 어깨 팔뚝 다 나왔고 / 날
때부터 바지, 버선 걸쳐 보지 못하였네 / 큰아이 다섯 살에 기병(騎兵)
으로 등록되고 / 세 살 난 작은놈도 군적에 올라 있어 / 두 아들 세공
(歲貢)으로 오백 푼을 물고 나니 / 빨리 죽기 바라는데 옷이 다 무엇이
랴 / (…) / 지난봄에 꾸어 온 환자미(還子米)가 닷 말인데 / 금년도 이
꼴이니 무슨 수로 산단 말가 / 나졸 놈들 오는 것만 겁날 뿐이지 / 관
가 곤장 맞을 일 두려워 않네 / 오호라, 이런 집이 천지에 가득한데 /
구중궁궐 깊고 멀어 어찌 다 살펴보랴 / (…) / 폐단과 어지러움 근원
이 혼란하니 / 공수, 황패(중국 한漢의 모범적인 관리들) 다시 온들 바로
잡기 어려우리 / 정협의 유민도(중국 송宋의 화가 정협이 유랑하는 백성들
의 모습을 담은 그림으로 궁핍한 그들의 참상을 임금에게 알렸다는 옛이야기)
를 넌지시 본받아서 / 시 한 편에 그려 내어 임금님께 바치리다

정약용, 「적성촌의 한 집에서〔奉旨廉察到積城村舍作〕」일부 옮김

시에 그려진 당시 농촌의 모습은 영화 속 적성 백성들의 모습과
흡사하다. 정약용은 적성을 비롯한 경기 서북부 일대를 돌면서 연
천현감(漣川縣監) 김양직(金養直, 1721~?)과 삭녕군수(朔寧郡守) 강명길
(康命吉, 1737~1801)의 뇌물 수수, 세금 착복, 고리대 등의 비리를 낱
낱이 밝혀 이들을 벌주게 했다. 김양직은 정조의 아버지 사도세자

의 묏자리를 봐준 지관이고, 강명길은 혜경궁 홍씨의 주치 의관 출신이다. 중인 신분이지만 그 공을 인정받아 지방관이 될 만큼 왕의 총애를 받은 사람들이다. 그래서 모두 그 위세에 눌려 꼼짝 못했지만 천하의 정약용에게 그들의 인맥과 특권은 의미가 없었다. 당시 정조가 특별히 아낀 정약용은 임금에게 직언을 올릴 만큼 패기만만한 30대 젊은이였다. 정약용은 엄청난 저작물과 깊이 있는 사상 때문에 흔히 철학자나 개혁가 등으로 알려져 있지만, 이것은 그의 말년 유배 생활 18년간의 업적이고 30대에 그는 늘 새로운 배움을 간절히 바랐던 재기 발랄하고 천재적인 기술 관료였다.

정약용은 1762년 경기도 마현(지금의 남양주 시 조안면)에서 진주목사 벼슬을 지낸 정재원(丁載遠, 1730~1792)의 넷째 아들로 태어났다. 그는 한강 상류의 풍광이 아름다운 고향에서 역사에 업적을 남긴 학자들이 흔히 그렇듯 신동이라는 소리를 듣고 자랐다. 그의 외모에 대한 기록을 보면 어렸을 적 천연두를 앓은 뒤 오른쪽 눈썹에 그 자국이 남아 눈썹이 셋으로 나뉘어 있었다고 한다. 그의 호 중 주로 '다산(茶山)'이 알려졌지만, 눈썹이 셋인 외모를 따서 지은 '삼미(三眉)'라는 호도 있다.

그는 아버지로부터 학문을 배우기 시작했으며 열여섯 살 무렵 실학의 대가인 이익의 유고를 읽고 그의 제자를 자처했다.

신분적으로나 사상적으로 정약용을 근기 남인*으로 분류한다. 이들은 기(畿), 즉 서울 근처에 살면서 이황의 학풍을 따르는 남인이다. 서울이라는 중앙 정치 무대와 가까이 살았던 이들은 누구보다 현실 정치에 대한 감각이 뛰어났다. 그래서 이들로부터 현실적 학문인 실학이 태동할 수 있었다.

조선 후기 실학의 흐름과 근기 남인

조선 후기 실학은 시대의 흐름을 담아내지 못하는 경직된 전통 유학에서 벗어나 현실에 적용할 수 있는 새로운 학문의 방향을 모색한 유학의 한 분파다. 실학은 그 전의 성리학적 가치관과 아예 결별한 완전히 새로운 사상이 아니라, 유학 속에서 민생을 도모하는 실용성을 찾아낸 당대 유학자 지식인들의 자기반성적 고뇌와 노력이 깃든 사상이다. 당시의 정치적 상황과 지식인 각자의 처지에 따라 몇 가지 분파로 나눠지기는 하나, 그들 모두가 추구한 것은 어떻게 하면 좀 더 나은 나라를 만들까였다.

중앙 정치 무대에서 실제 정치를 하던 노론 가문의 자제들 중에서는 여러 차례 중국을 왕래하며 서양과 중국의 문물을 받아들여 상업을 중심으로 개혁하자는 북학파(北學派)가 등장했다. 박지원

● 근기 남인: 조선 시대 붕당 중 동인에서 갈라졌으며 학문적으로는 이황의 학통을 잇고, 지역적으로는 안동을 중심으로 하는 경상북도와 서울·경기권을 주요 근거지로 삼아 활동했다. 경상북도 지역의 남인을 영남(嶺南), 서울·경기 지역의 남인을 경남(京南) 혹은 근기 남인(近畿南人)이라 한다.

(朴趾源, 1737~1805)을 필두로 박제가(朴齊家, 1750~1805)를 비롯한 그의 제자들이 여기에 해당한다. 북학파란 말도 박제가가 중국 사행을 따라갔다 와서 지은 책『북학의北學議』에서 온 것이다. 북학이란 말 그대로 북쪽에 대한 학문, 즉 우리나라에서 북쪽에 있던 중국의 문물을 연구하고 받아들이자는 학문이다. 중국에 여진족의 청이 들어서자 조선은 겉으로는 청의 위세에 눌려 사대(事大: 약자가 강자를 섬김)를 하였지만, 내부에서는 청을 여진 오랑캐의 나라라며 깔보는 경향이 있었다. 그리하여 중국은 이미 중화사상(中華思想: 중국이 세상의 중심이라는 사상이지만, 당시에는 유교의 중심 국가로서 정신적 자격을 의미했다)을 실천할 수 없다고 판단, 조선이 그 중화사상을 계승했다고 자임해 왔다.

그래서 병자호란 이후 조선 학계에서는 소(小)중화사상이 무르익기 시작했다. 청을 마음으로 배격하고 경시하면서 우리 문화만이 진짜 유교 사상을 실천하는 동아시아 최고의 선진 문화라고 여기는 경향이 있었던 것이다. 그러다 18세기에 접어들면서 외래 문물을 받아들이고 강희제(康熙帝, 재위 1662~1722), 건륭제(乾隆帝, 재위 1735~1795) 등의 선정(善政)을 통해 물질적·정신적으로 풍요해진 청을 보고 온 서울의 노론 상류층 일부에서부터, 소중화사상에서 벗어나 중국의 변화와 발전을 배워야만 조선이 발전할 수 있다는 주장이 나오기 시작했다. 당시 정국을 이끌어 가던 노론에서 생겨난 북학 사상은 집권 세력 내 자정작용의 일환이자 새로운 사상 도입과 변혁에 대한 요구라는 점에서 특별한 의미가 있다. 지금으로 치면, 사회 지도층의 자녀들이 자신이 유학한 나라의 선진적인 시스템을 들여와 나라의 조직을 재편해 보려고 한 것이다.

한편 노론이 독주하는 중앙 정계에서 밀려나 있으면서 농촌 현실을 누구보다 잘 알던 남인은 토지를 바탕으로 한 정치·경제·사회 개혁을 꿈꾸었다. 남인은 집권 세력이 아니었기에 친·인척을 따라 중국에 가본 경험도 적어 새로운 문물을 받아들이는 데 적극적이지는 않았다. 그 대신 자신이 발붙이고 사는 향촌 사회에 대한 이해는 깊었다. 이들은 밭 갈고 논매는 농부들과 평생을 어우러져 살았고, 양반이지만 본인이 직접 농사를 거들어야 할 때도 있었다. 그러다 보니 자연히 농촌 사회의 현실을 직시하게 되어 모순을 깨닫고 변화의 가능성을 타진하기 시작했다. 그래서 이들 남인을 중심으로 토지제도나 세제를 바꿔 나라를 개혁하자는 주장이 생겨났다. 이런 농업 중심 사회 개혁을 추구한 이가 바로 이익이다.

이익은 반계(磻溪) 유형원(柳馨遠, 1622~1673)에서부터 시작된 향촌의 농업 중심 실학사상을 제자 육성을 통해 널리 펼친 실학의 중시조(中始祖) 격이다. 성호학파라고 불리는 안정복(安鼎福, 1712~1791), 이가환(李家煥, 1742~1801), 권철신(權哲身, 1736~1801) 등 이익의 많은 제자들이 향촌 곳곳에서 농업 중심 사회 변혁을 주장하는 실학사상을 그 제자들에게 가르쳤다. 이익의 사상은 근기 남인을 중심으로 널리 펴져 나가기 시작했다. 이 영향권 안에 정약용

┃ 『북학의』를 쓴 박제가. 그와 교류한 중국의 화가 나빙(羅聘)이 이 그림과 시를 선물했다. 청을 세 번 다녀온 박제가는 청의 학자들과 교류하고 문물을 살펴 『북학의』를 썼는데, 그 속에는 수레를 굴리기 위해 도로를 닦자거나 화폐를 통용시켜야 한다는 등 상업적 측면의 발달에 대한 시론이 많았다.

도 있었다.

16세 무렵에 이익의 저작을 읽은 정약용이 비록 그의 직접적인 가르침을 얻지는 못했지만 이익의 사상을 이어받는 제자가 되겠노라 자처한 것도 이런 배경이 있었기 때문이다. 정약용뿐만 아니라 당시 많은 근기 남인들은 이익의 사상을 받아들여 이를 현실 정치에서 펼칠 기회를 찾고 있었다. 그들의 근거지가 한양 근처였기 때문에 중앙 정치 무대로 진입하는 일이 그들에게는 더욱 갈급한 숙제였다.

그러나 정조 등장 전, 근기 남인들은 노론이 독주하는 영조 대를 거치면서 정치적으로 소외되어 있었다. 개혁 사상과 그에 대한 의지가 강했지만, 막상 개혁을 위한 정치적 발판이 마련되어 있지 않던 이들에게 길을 열어 준 사람이 바로 정조였다. 근기 남인에게 정조는 그야말로 든든한 정치적 은인이자 후원자, 동반자였다.

정조로서도 근기 남인은 자신이 펼치고자 하는 정치를 이론적으로 뒷받침해 주기에 적절한 정치적 동반자였다. 근기 남인들의 사상은 그즈음 성리학을 넘어 '육경 시대' 즉, 공자가 말하는 요순시대의 순수로 돌아가서 옛것을 모범 삼아 정치를 개혁하자는 방향으로 흘러가고 있었다. 이것은 선량하고 덕 있는, 마치 요임금과 순임금 같은 왕이 중심이 되어 정치를 펼치면 신하들이 이를 잘 보필해야 한다는 사상이었다. 근기 남인들이 추구하던 학문은 마침 왕권 강화를 추구하던 정조의 뜻과 맞아떨어졌다. 정조 자신이 선량하고 덕 있는 임금만 된다면 남인은 그의 훌륭한 정치적 동반자가 될 수 있을 뿐만 아니라 신권과 왕권의 견제를 통해 정치를 운영해야 한다고 주장하는 노론의 이론적 대항마가 될 수 있었다. 이런 뜻에서 정조는 근기 남인을 가까이 하고 규장각을 중심으로 그들을 키웠다.

정약용도 이런 정치적 흐름을 타고 20대에 과거를 차례차례 좋은 성적으로 통과하면서 중앙 정치 무대에 등장했다. 이때가 여전히 노론 독주 시기였다면 총명한 근기 남인 출신 청년은 일찌감치 정치적 쓴맛을 보고 낙향하거나 먼 지방으로 유배되거나 심하게는 역모자로 몰려 죽었을지도 모른다. 그러나 때는 바야흐로 근기 남인에게 훈풍이 부는 시기였다. 노론의 독주를 막고, 각 붕당의 인재를 골고루 등용함으로써 왕권 강화와 개혁을 추구하던 정조의 정치 덕에 정약용은 젊은 나이에 뜻을 마음껏 펼치는 관료로 활동할 수 있었다.

정조의 총신, 천재 관료 정약용

정약용과 정조의 유대는, 정약용이 성균관에 다니던 20대 초반에 그 총명함이 정조의 귀에 들어가고 스물여덟 살에 대과(과거의 최종 단계)에 2등으로 급제하면서 결정적으로 시작되었다. 그는 정조의 최측근으로 가주서(假注書), 지평(持平), 교리(校理), 부승지(副承旨) 및 참의(參議) 등 주요 관직을 두루 거치면서 그야말로 화려한 관료 생활로 30대를 보냈다.

이 시기 정약용은 정조가 화성(현재 수원)에 있는 현륭원에 행차하기 위해 한강을 건너야 했을 때 배를 이어 붙여 배다리를 만들고 화성을 설계했으며 거중기를 개발하기도 했다. 오늘날로 치면 그가 건축가나 기계 설계사였던 셈이다. 영화 속 탐정도 자연과학에 매우 달통해 이를 적극적으로 수사에 적용한다. 영화 말미에 나오는

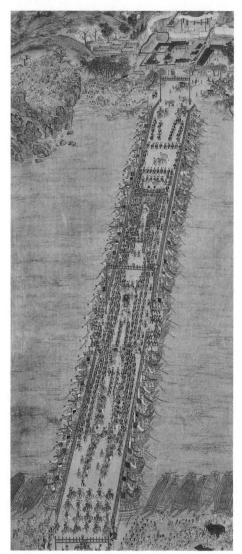

❙ 〈노량주교도섭도〉, 《화성능행도병》, 국립중앙박물관. 배다리, 즉 주교(舟橋)는 정조의 화성 행차를 위해 정약용이 설계한 것으로, 나룻배 수십 척의 측면을 쇠사슬로 연결해 강 건너까지 띄운 뒤 그 위에 나무판자를 이어서 말이나 가마 등이 지나갈 수 있도록 평평하게 만들었다. 사도세자의 묘인 현륭원으로 가는 배다리가 놓인 노량은 오늘날의 한강대교 인근이라고 보면 된다.

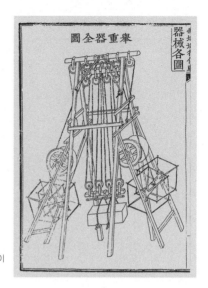

| 정약용이 설계한 거중기. 수원화성을 지을 때 이
거중기를 사용하였다.

거중기 설계도도 실제 정약용의 설계도다.

　임금이 밀어주는 천재는 그야말로 물 만난 고기였다. 그래서인
지 정약용은 다소간 경솔한 면도 없지 않았다. 젊은 시절 그는 중국
을 통해 들어오는 새로운 문물과 과학기술에 열광하고, 이를 더 배
우기 위해 종교도 쉽게 받아들였다. 그는 천주교와 함께 들어온 서
양 문물을 좀 더 알고 싶어 스물세 살 무렵 이벽(李檗, 1754~1786)°으

● 이벽: 1754년 경기도 광주의 기호학파 남인 집안에서 부친 이부만(李簿萬, 1727~
1817)의 둘째 아들로 태어났다. 초기 천주 교도로서 한국 천주교회를 창설한 주역
이다. 정약전, 정약용 형제와 천진암에 모여 학문을 연마했고, 독학으로 천주교 교리
를 익혀 신자가 되었다. 부친의 손에 가택 연금되었다가 사망했다.

로부터 서학(西學: 천주교)에 관해 듣고 관련 서적들을 탐독했다.

우리나라의 천주교, 즉 가톨릭 유입의 역사는 매우 독특하다.

대항해시대(15세기 후반부터 18세기 중반까지 유럽의 배들이 세계를 돌아다니며 항로를 개척하고 탐험과 무역을 하던 시기)에 서양이 세계로 그 세력을 뻗어 나가면서 먼저 침투시킨 것이 성경, 즉 종교다. 특히 가톨릭은 포교를 이유로 새로운 대륙이나 나라에 침투해 갔고, 상대국이 원하지 않는데도 포교를 고집했다. 만약 포교하는 천주교 신부들이 핍박받을 경우 이를 핑계 삼아 총칼을 들고 들어가 상대 지역을 점령했기 때문에 가톨릭 포교의 역사는 서양의 세력 확장과 밀접한 관련이 있다.

그런데 우리나라는 천주교 포교 역사상 유일하게 자발적으로 천주교를 받아들인 나라였다. 우리나라에서 처음 천주교에 접근한 이유는 서양의 학문을 연구하는 데 있었다. 그래서 천주교를 종교로 보기보다는 서양의 학문으로 보아 서학이라고 불렀다. 중국에 사신으로 간 조선의 관료와 학자들은 천주교에 대한 호기심과 탐구심으로 당시 북경에 있던 서양의 선교사들과 접촉하고 그들의 책을 조선으로 들여와 연구했다.

이 서학 관련 서적들은 주로 남인 학자들 사이에서 연구되어 이들의 실학사상에 일정 정도 영향을 주기도 했다. 중국 출입이 빈번하던 북학파보다 남인이 서학에 더 관심을 가졌다는 것은 얼핏 아이러니해 보이기도 하는데, 이것은 아마도 사상적 유사성 때문이

『천주실의』. 우리나라에서 처음 천주교에 접근한 이유는 서양의 학문을 연구하는 데 있었다.

아닐까 싶다. 앞서 말했듯이 요순시대의 순수함과 어진 임금을 요구하는 사상의 한 측면이, 신 앞의 평등 및 구세주라는 개념과 맞아떨어진 듯하다.

그런데 원래 서양의 종교와 학문을 아우른 개념으로 연구하던 서학을, 학문적인 관심을 넘어 신앙으로 수용하려는 사람들이 나타나기 시작했다. 특히 이익의 제자들 중에서 이런 사람들이 생겨났는데, 권철신·이벽·정약전(丁若銓, 1758~1816) 등이 그런 경우다. 정약전은 정약용의 형이다. 정약용도 형의 영향으로 천주교에 경도되었고 젊은 시절 별다른 고민 없이 쉽사리 세례를 받았다. 그러나 결국 천주교의 교리 중 제사를 모시지 않아야 한다는 주장에 부딪혀 곧이어 배교(背敎)했다. 하지만 서학에 심취했던 과거는 생애 후반, 그의 발목을 잡는다.

정조가 천주교 박해를 시작했을 때 정약용은 천주교도인 친·인 척들과 세례를 받은 전력 등으로 곤란해지기도 했는데, 당시에 그 가 배교를 밝혔고 정조가 그를 총애했기에 큰 문제가 되지는 않았 다. 그러나 정조가 죽고 노론이 정권을 잡으면서 정조 때 등용되었 던 남인 세력을 내모는 명분으로 천주교를 문제 삼자 결국 정약용 에게도 화가 미쳤다. 정약용이 정조 사후 일어난 신유박해(辛酉迫害, 1801)에 연루되어 18년간 강진에서 기나긴 유배 생활을 하게 된 것 이다. 이 기간이 정약용 본인에게는 상당히 쓰라린 시기였을지 몰 라도 우리나라 지성사에서는 빛나는 시기다. 그가 유배 생활 동안 정치, 경제, 사회 등 학문의 모든 분야를 아우르는 어머어마한 저작 들을 남겼기 때문이다.

다소 과장되고 코믹한 설정이지만, 영화에서 탐정이 큐빅 퍼즐 을 얻기 위해 섣불리 세례를 받고 이것이 내내 약점이 되는 것은 정 약용의 인생과 흡사하다.

그렇다면 뛰어난 과학자였던 30대 정약용의 성격은 어땠을까? 영화 속 명탐정처럼 코믹하고 경박하진 않았을지라도 꽤나 유쾌하 고 인간적이었던 것 같다. 정약용은 젊은 시절 도박을 하기도 했고, 또래 친구들과 어울려 밤새 술을 마시는 것도 좋아했다. 옷깃에 꽃 이 다칠까 봐 대나무 울타리를 직접 만들어 주었다고 하니 매우 다 정했던 것도 같다.

▌영화 〈조선명탐정〉 속 주인공처럼 어쩌면 정약용은 기록되지 않은 삶의 어느 순간에 이곳저곳을 기웃거리고, 여기저기서 사고를 치며 조선의 거리를 종횡무진 질주했을지도 모른다.

정조의 전폭적인 후원과 총명한 머리, 올곧은 가치관과 정치적 포부를 두루 갖추었던 젊은 나이의 정약용. 어쩌면 그도 영화 〈조선명탐정〉 속 주인공처럼, 기록되지 않은 삶의 어느 순간에 이곳저곳을 기웃거리고 여기저기서 사고를 치며 조선의 거리를 종횡무진 질주했을지도 모른다.

16

조선 시대에도
B급 성인 소설이 있었을까

-음란서생-

조선 후기 패관문학의 성행을 모티브로 삼아 조선 시대에도 B급 성인 소설이 유행했을 것이라는 기발한 상상력으로 만들어진 영화 〈음란서생〉(2006년 개봉, 감독 김대우)은 사실 제목만큼 음란하지는 않다. 영화는 조선 시대를 배경으로 하되, 마치 현재를 패러디하는 듯한 다양한 말장난과 재미 들을 모아 놓아 보는 내내 웃음을 자아낸다.

　　그렇다고 해서 영화가 얄팍한 재미 하나만으로 전개되는 것은 아니다. 영화는 정빈(김민정 분)을 둘러싸고 서로 다른 관점의 사랑을 택한 윤서·임금·조 내관을 통해 남녀 간 사랑의 다양한 면모를 고민하게 하거나, 비록 음란 소설이지만 더 잘 쓰고 싶고 더 많은 사람들이 읽어 주기를 바라는 창작자의 끝 간 데 없는 욕망을 표현하는 등 묵직한 주제에도 접근하고 있다.

붓으로 죽고 죽이는 정쟁의 한가운데

영화의 주인공인 윤서(한석규 분)는 웬만하면 남편의 안전을 바랄 법한 아내에게도 비겁하다고 욕을 먹는, 매일같이 계속되는 정쟁의 틈바구니에서 좀 쉬고 싶은 소심한 남자다. 아니, 소심한 남자로 보인다. 윤서는 붕당 간 갈등 속에서 남동생이 정적(政敵)에게 궁지로 몰려 다리 불구가 될 정도로 고문당하고 돌아와도 상소조차 쓰지 않는 남자다.

조선 후기 관료들의 정쟁은 칼 대신 붓을 들었을 뿐, 진검승부와 다를 바 없었다. 논쟁에서 밀리면 목숨을 내놓아야 했고, 그것은 곧 가문의 몰락과 직결되었다. 그래서 윤서는 웬만하면 정쟁에 휩쓸리지 않기 위해 자신의 주장을 드러내지 않으려 하는데, 생각이 짧은 주변 사람들은 그를 비난하기 일쑤다. 그렇기 때문에 윤서는 당대 최고의 문장가로 명성이 자자한 것이 오히려 부담스럽기만 하다. 윤서는 인생 자체가 그저 근신 속에서 억눌린 상태로 지속될 것만 같은, 울분이 있어도 표현하거나 터뜨릴 길 없는 고매함을 숙명으로 삼고 사는 양반 그 자체다. 이런 그의 직책은 사헌부 장령(司憲掌令)이다.

이 직책은 사헌부의 정4품(正四品) 관직으로 꽤 높은 자리였다. 주 업무는 감찰(監察)이었다. 그런데 시정(時政)의 옳고 그름을 분별해 밝히고, 관리들의 비행과 불법 행위를 따져 살피는 동시에 어지

| 영화 〈음란서생〉의 주인공 윤서는 남동생이 정적에게 궁지로 몰려 다리 불구가 될 정도로 고문을 당하고 돌아와도 상소조차 쓰지 않는 비겁한 남자다.

러운 풍속을 바로잡고, 백성들이 원통하거나 억울한 일을 당했을 때 이를 풀어 주며, 지위의 권한을 남용하거나 오용하는 것을 막는 등 국정 전반에 걸쳐 힘이 미치지 않은 분야가 없을 정도로 다양한 업무를 처리했다. 요즘으로 치면 검찰의 고위직인 셈이다.

윤서는 왕의 후궁 정빈이 소장했던 그림이 표구 과정에서 가짜로 바꿔치기당하자 이를 수사하다가 우연히 음란 소설의 세계에 발을 들여놓게 된다. 수사 과정에서 윤서는 음란 소설을 빌려주는 유기전 주인 황가(오달수 분)를 만나게 되고, 자신의 내면에 숨겨져 있던 욕망을 발견한다. 그것은 바로 음란한 소설을 쓰는 일이었다. 그것도 많은 사람들이 읽어 주는, 매우 자극적이고 그 누구의 것보다 짜릿한 소설 말이다.

학자로서 명문장가라는 칭송을 들었을 때는 별반 기쁨을 느끼지 못한 윤서가 자신이 쓴 소설에 사람들이 열광한다는 이야기에 끝도

▌ 잘 팔리는 책을 만들기 위해 당파가 다른 광헌을 만나 삽화를 설명하는 윤서. 광헌 또한 예술가였기에, 그 전까지 그렸던 교조적이고 밋밋한 주제의 그림보다 윤서가 요구하는 짜릿한 그림을 그리는 데 열정을 다한다.

없는 창작열을 불태우고 최고가 되기 위해 애쓴다. 진정으로 흥미 있는 일을 찾은 그는 소설을 위해서라면 못 할 것이 없다. 그래서 그는 당시에는 생각지도 못한 그림을 소설에 넣기 위해 당파가 다른 광헌(이범수 분)을 끌어들인다.

조선 후기, 당파가 다르다는 것은 정치적으로 반대파일 뿐만 아니라 가문의 원수라는 말과 같았다. 당이 다르면 같은 자리에 앉지 않고 말을 섞지 않으며 교류도 없을 정도로 거리를 두었다.

조선 시대 붕당정치의 지형도

영화의 배경이 되는 18세기 정조 연간, 정계를 이끌어 가던 당파는 노론과 남인이었다. 흔히 일반 사람들에게 당파 싸움으로 인식되는 조선 후기 붕당정치는 성리학에 입각한 사대부 정치의 정점을 이루는 정치 행태라고 할 수 있다.

붕당은 선조 연간에 동인과 서인이 나누어지면서 시작되었다. 서로 정견을 달리하던 김효원과 심의겸의 집이 각각 한양의 동쪽과 서쪽에 있어서 동인과 서인으로 나누어진 것이다. 여기서 다시 동인이 북인과 남인으로 나뉘었는데, 그 중심에 정여립 모반 사건이 있었다. 정여립 모반 사건은 진짜 모반인지 아닌지도 모를 애매한 사건이었는데, 이를 동인과 엮어 기축옥사라는 정치사건으로 비화시킨 이가 정철이었다.

정철은 서인이었다. 그가 정여립의 모반에 관계했다는 이유로 동인을 대거 제거해, 이때 1000여 명이 억울하게 죽임을 당하거나 유배되었다. 이 기축옥사로 붕당 간 갈등은 그 전과 달리, 당이 다르고 정견이 다르면 상대를 죽여 버릴 만큼 상당히 극단적인 상황으로 내달리게 되었다. 정철을 필두로 한 서인에게 몰리던 동인은, 선조가 기축옥사 이후 승승장구하는 정철의 권세에 불안을 느끼고 그를 제거하려 할 때 다시 정계에 등용되었다. 문제는 이때부터였다. 기축옥사에 원한을 품은 동인은 정철의 처벌 문제를 놓고 각자

처지에 따라 설왕설래하게 되고, 그 와중에 정철을 유배 정도의 수준에서 처벌하자는 남인과 "무슨 소리! 원한을 갚아야 한다!" 하고 외치며 사형을 주장한 북인으로 나누어졌다.

그리고 광해군 대까지 북인과 남인, 서인 등 세 붕당이 정견을 달리하며 중앙 정계를 이끌어 갔다. 이 중 북인은 임진왜란 시기 의병 활동과 전란 이후 극복의 공을 세우면서 광해군 정권을 뒷받침했다. 그러나 북인은 서인 측에 있던 인목대비(선조의 계비)와 이복동생 영창대군의 처리 문제로 성리학적 명분을 잃은 광해군의 퇴위와 함께 그 세력이 급격히 축소된 이후 역사의 전면에 나서지 못하게된다.

북인이 사라진 후 남인과 서인이 서로 정견을 달리하며 정치를 이끌어 가던 중에, 숙종 연간에는 수차례 환국(換局)을 통해 서인이 노론과 소론으로 분열되었다. 노론과 소론 분열의 계기는 장희빈 퇴출과 함께 정권에서 밀려난 남인에 대한 처벌 문제였다. 그 전에 환국을 통해 남인에게 해를 입은 서인 중 남인 처벌에 대한 강경파는 노론으로, 온정파는 소론이 되었다. 이 중 소론은 장희빈의 아들인 세자(훗날 경종)를 보호했고, 노론은 숙종의 둘째 아들인 연잉군(훗날 영조)을 밀었다.

그러나 경종의 짧은 재위 기간과 영조의 즉위로 소론 세력은 급격히 위축되고 노론이 18세기 정국을 주도하고 있었다. 그리하여 정조가 즉위하던 무렵에는 중앙 정계 대부분을 노론이 잠식한 상태였다. 할아버지 영조의 탕평론(蕩平論)을 이어받고 정치적 쇄신을 추구하던 정조는 노론뿐만 아니라 남인, 소론, 북인 등을 골고루 등용하는 정책을 폈는데, 특히 한양 인근에 살던 남인(근기 남인)들을 등용하였다.

영화의 주인공인 윤서의 집안은 아마도 노론 계통이었을 것으로 추측된다. 그의 가문이 세세연년 중앙 정계를 주름잡아 온 듯한 분위기를 풍기고 있기 때문이다. 또 정조 연간에 새로운 문체의 소설, 잡문 등을 선호하기 시작한 계층도 노론이다. 그렇기 때문에 윤서와 당을 달리하는 광헌은 새로이 등용된 남인계로 추측할 수 있다. 정조 연간 남인과 노론은 그다지 사이가 좋지 않았고, 표면적인 평화 아래에서 붓으로 서로를 죽이는 전쟁이 계속되고 있었다.

새로운 문체를 욕망한 시대

영화에서 광헌은 고신(拷訊: 고문) 전문가인 의금부 도사(義禁府都事)로 윤서의 남동생을 불구로 만든 장본인이다. 그런데도 윤서는 더 잘 팔리는 음란서를 만들기 위해 상당한 그림 실력이 있는 광헌을 끌어들여 삽화를 그리게 한다. 이는 불타는 창작열을 위해 원수와 손을 잡은 것과 다를 바 없었다.

또 윤서는 더 사실적인 음란 소설을 위해, 삽화로 넣을 정사(情

事) 장면을 광헌에게 보여 주려고 정빈을 유혹하는 것도 서슴지 않는다. 이 부분에서 영화는 실제 역사적 사실을 벗어나 판타지의 세계로 들어가는 경향이 있다. 조선 시대에 왕의 여자를 범한다는 것은 죽음뿐만 아니라 멸문(滅門)을 각오하지 않고서는 행할 수 없는 일이었다. 승은을 직접 입지 않은 궁녀와 정을 통하는 경우에도 극형을 면하기 어려웠다. 아무리 후궁이라도 왕의 여인을 상상 속에서라도 범하는 일은 강상윤리(綱常倫理)°를 가장 중요시하는 조선의 사대부라면 할 수 없었다.

성리학적 유교 질서가 채 확립되지 않았던 조선 초기에 두 차례 궁궐 내 불륜 사건°이 있기도 했지만, 이는 극형(極刑)과 사사(賜死)로 결말이 났다. 그 뒤 조선 역사에서 왕의 여자를 사대부나 일반

● 강상윤리: 유가(儒家)에서 정해 놓은, 봉건사회에서 사람이 마땅히 행하거나 지켜야 할 도리를 가리킨다. '강상'은 군주와 신하, 부모와 자식, 남편과 아내 사이에 지켜야 할 도리를 가리키는 '삼강(三綱)'과 부자유친(父子有親), 군신유의(君臣有義), 부부유별(夫婦有別), 장유유서(長幼有序), 붕우유신(朋友有信) 등 '오상(五常, 오륜五倫이라고도 한다)'을 아울러 일컫는 말이다.

● 조선 초기에~불륜 사건: 1. 태조의 세자였던 방석(芳碩)의 비 유씨(柳氏)가 내시 이만(李萬)과 불륜을 저지르다 발각되어 유씨는 궁에서 내쫓기고 이만은 목을 쳐서 죽이는 극형을 당했다. 2. 세조의 첩이었던 덕중(德中)이 소용(昭容)이라는 후궁 첩지까지 받고서도 왕의 사랑이 식자 내시 송중(宋重)에게 구애했다. 송중은 이를 왕에게 고했고, 덕중은 첩지가 회수된 뒤 궁궐에서 쫓겨났지만 왕의 여인이었기에 죽임을 당하지는 않았다. 그런데 더 재미있는 것은 궁에서 쫓겨난 덕중이 근신을 하기는커녕 세조의 조카이자 임영대군의 둘째 아들인 귀성군에게 사랑을 고백하는 편지를 보내 또다시 궁중의 문제가 되기도 했다. 이 연서 사건으로 덕중은 결국 처형되었다.

백성이 가까이하는 일은 기록상 전혀 없었다. 즉 영화 속 윤서와 정빈의 성애(性愛)가 실제로는 거의 이루어질 수 없는 일이었다. 게다가 정빈은 이런저런 핑계를 대며 궁궐 밖 나들이를 자주 감행하는데, 첩지(예전에 부녀자들이 머리를 꾸밀 때 쓰던 장식품으로 품계에 따라 재료와 모양이 달랐다. 첩지를 받는다는 것은 한 여인에게 내명부의 어떤 직급을 내린다는 뜻이다)를 받아 공식적인 왕의 여인이 되면 궁궐 밖 출입도 거의 불가능했다. 영화에서처럼 왕의 여자와 사대부 간의 불륜이 실제로 일어났다면, 그 당사자들이 극형에 처해질 뿐만 아니라 가문 전체가 없어진다고 보아도 무방하다. 영화에서 정빈은 왕의 사랑 덕에 아무런 벌도 받지 않고 윤서만 유배형에 처해지는데, 이는 그 시대의 형량에 비해 매우 가벼운 처벌이었다고 볼 수 있다.

한편 윤서가 쓴 조선 시대의 소설 같은 것을 패설(稗說) 또는 고담(古談)이라고 불렀는데, 특히 18~19세기에 많이 유행했다. 이 중에서 국문으로 쓰인 소설은 언패(諺稗), 언서고담(諺書古談)이라고도 불리며 규중의 부녀자들을 중심으로 크게 유행했다. 윤서가 쓰는 소설도 바로 이것이다.

영화에서 직접 거론하지는 않으나 시대적 배경이 분위기상 정조 연간으로 짐작되는데, 호학 군주였던 정조는 사실상 이런 소설의 유행을 반기지 않았다. 그래서 정조는 문체반정을 일으켜 패관소설들을 배격하기도 했다. 문체반정이란 한문의 체제를 순정 고문으로 회복하자는 주장으로, 정조가 주도했다. 정조는 박지원의 『열하일기熱河日記』같이 고문에 얽매이지 않는 참신한 문장을 청에서 들어온 소품 소설이나 의고문체(擬古文體: 고문인 척하는 문체, 유사 고문체)에서 나온 잡문체라고 규정하고, 정통적인 고문을 모범으로 삼아 글을 쓰도록 장려했다. 그리고 이를 실행하기 위해 규장각을 설치하고 중국으로부터 패관소설과 잡서 수입하는 것을 금했으며 주자(朱子)의 어류(語類), 당송팔대가(唐宋八大家: 중국 당의 한유·유종원, 송의

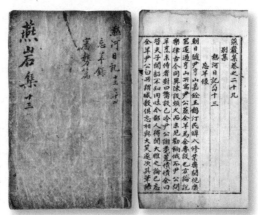

『연암집』. 잡문체를 쓴다고 비판받은 연암 박지원의 문집. 별집인 중국 기행문 『열하일기』에 소설 「허생전」, 「호질」 등이 담겨 있다. 정조는 이런 기행문과 소설을 잡문이라고 보고 배격했다.

구양수·소순·소식·소철·증공·왕안석 등 문장가 여덟 명을 가리킨다)의 고문, 두보(杜甫, 712~770: 사회성이 짙은 장편 고체시古體詩를 잘 지었다. 그의 시는 시로 표현된 역사라는 뜻으로 시사詩史라 불렸다)의 시 등을 새로이 펴냈다. 이와 같이 국가가 주도하는 문화 정책은 조선 후기 문학의 발전과 대중화에 다소간 저해 요소가 되기도 했지만, 이미 변화하는 시대의 큰 물결을 거스를 수는 없었다. 정조의 문체반정 속에서도 암암리에 소설과 잡설 등은 세간으로 퍼져 나갔고, 사람들은 이 새로운 책들에 열광했다.

출판업의 성장과 소설의 발달

그렇다면 우리나라에서 소설 양식의 글은 언제부터 쓰였을까? 우리나라 최초의 한문 소설은 15세기에 김시습(金時習, 1435~1493)이 쓴 『금오신화金鰲新話』라고 하고, 국문 소설은 16세기 허균이 쓴 『홍길동전』이 처음이라고 한다. 소설은 17세기를 거쳐 18세기 말부터 경제적 안정과 함께 문화적 욕구가 성장하면서 성행하기 시작했다.

조선 후기에 유행한 소설들은 대개 한 사람의 일생이나 한 가문의 흥망성쇠를 따라가는 형식이었는데, 짧게는 한 권으로 끝나는 경우도 있지만 영화에서 윤서가 쓰는 책 『흑곡비사』처럼 연작인 경우가 많았다.

현재 남아 있는 국문 소설은 600여 종인데, 작자가 거의 밝혀지지 않았다. 국문 소설을 짓는 일이 명예롭지 않다고 여겨 대개 가명이나 필명을 쓰고 본명을 숨겼기 때문이다. 이름이 남아 있지 않은 작가는 영화 속 윤서처럼 사대부일 수도 있고 그 이하 신분일 수도 있는데, 소설이 폭발적인 인기를 끌고 책을 유통하는 과정에서 이익이 발생했기 때문에 다양한 계층의 사람이 참가했을 것이라고 짐작만 할 뿐이다.

소설은 영화에서처럼 작가가 글을 쓰면 이를 몇 권으로 필사해 세책집에서 돈을 받고 빌려주는 방식으로 퍼졌다. 독자가 늘어나면서 여러 번 필사되다 보니 그 과정에서 개작될 가능성도 없지 않아

방각본 『홍길동전』, 삼척시립박물관.

인기가 높은 소설일수록 이본이 많았다.

한편 전기수(傳奇叟)라고, 저잣거리에서 소설을 읽어 주는 사람도 있었다. 글을 읽을 줄 모르는 사람이 많은 데다 책이 귀한 시절에, 여러 사람이 모인 자리나 재상가를 드나들며 소설을 읽어 주고 그 대가로 돈을 받던 전기수는 오늘날 성우나 배우에 해당한다고 할 수 있다. 정조 대에는 영웅담을 읽어 주던 전기수가 너무도 실감나게 책을 읽어, 영웅의 실패담에 분노한 사람에게 맞아 죽는 사건이 일어나기도 했다. 전기수는 내용이 절정에 이르면 소설 읽기를 그만두고 사람들이 돈을 던져 주기를 기다렸다고 한다.

19세기 초 무렵에는 필사본 소설의 인기가 치솟으면서 방각본(坊刻本)으로 대량 인쇄하는 경우도 있었다. 방각본이란 조선 후기 상인들이 목판에 새겨 찍어서 서점에 판매하던 책들을 가리키는 말이다. 파는 것을 전제로 한다는 점에서 나라에서 만든 책, 절에서 만든 책, 개인이 만든 책과 구별된다. 방각본은 주로 소설을 찍기 위해 많이 만들어졌는데, 이런 소설을 방각본 소설이라고 한다.

방각본은 병자호란 이후에 본격적으로 나타났다. 처음에는『천자문千字文』같은 아동교육서나 옥편을 비롯한 참고서류, 실생활에 필요한 정보를 기록한 책 들을 주로 펴냈다. 그러다 18~19세기 이후 소설 독자층이 폭넓게 형성되면서 소설을 중심으로 방각본 시장이 형성되었다. 소설 출판은 그 작품을 사서 읽을 수 있는 독차층의 형성과 인쇄술의 발달이 뒷받침해야 가능해진다. 조선의 18~19세기는 사회경제적 변화와 성장이 두드러지기 시작한 시기로, 방각본 소설의 출현은 소설을 구매, 소비할 수 있는 계층이 크게 확장되었음을 의미한다.

세책집과 서적 중개상의 등장

영화에서는 황가가 겉으로는 유기상을 하면서 비밀리에 작가를 섭외해 창작하게 한 음란소설을 유통해서 돈을 버는데, 실제로 한양에서는 필사본 연작소설을 빌려주면서 돈을 버는 세책집이 번창했다. 세책집은 오늘날의 도서 대여점이다. 세책집에서 책을 빌리는 사람들은 대개 고가의 책을 가질 수 없는 서민들이었는데, 조선 후기에 소설을 빌리기 위해 돈을 쓰는 사람이 있었다는 것은 그만

┃ 영화 속 황가는 유기전을 운영하면서 비밀리에 음란서를 유통하는 세책집을 꾸려가는데, 점차 책쾌로 성장하여 작가에게 돈을 주고 소설을 쓰도록 해 소설의 성행에 큰 역할을 하는 인물로 나온다.

큰 문화를 향유할 수 있는 계층이 확대되었음을 의미한다. 세책집에서 책을 빌리기 위해 비녀, 노리개 등 온갖 패물을 갖다 바치기도 하고 심지어 재산을 탕진하는 일도 있었다고 한다.

세책 사업이 활기를 띠면서 세책집에 책을 공급하는 서적 중개상, 책쾌도 나타났다. 책쾌는 꽤 큰돈을 굴리며 전국을 누볐다. 이들은 오늘날 서적 유통업자와 출판업자를 겸한 셈이다. 영화 속 황가가 처음에는 세책집 주인이다가 점차 책쾌로 성장해 작가에게 돈을 주고 소설을 쓰도록 하며 소설의 성행에 큰 역할을 하는 인물로 나온다.

영화 속 윤서가 쓴 『흑곡비사』처럼 음란한 소설이 조선 시대에 실제로 있었을까? 현전하는 국문 소설 중에 그런 성인물은 남아 있지 않다. 하지만 19세기 중엽에 쓰인 것으로 추정되는 『북상기北廂記』라는 희곡이 얼마 전에 발견되었는데 그 내용이 윤서의 소설을 방불케 한다고 하니, 지금은 전하지 않지만 조선 시대에 음란 소설이 있었을 가능성은 매우 높다. 그리고 영화 속 윤서처럼 고매한 명성과 결론 없는 정쟁에 시달리던 한 사대부가 은밀한 창작열에 취해 그 누구보다 음란한 상상 속에서 성인 소설을 써 내려갔을지 누가 알겠는가.

17
—
19세기 세도정치기의
혼란과 부패

- 혈의 누 -

2005년 봄에 개봉한 영화 〈혈의 누〉(감독 김대승)는 19세기 초 역사적 상황을 정교하게 고증하고 지적으로 재해석하면서 영화적인 재미를 더한 매우 빼어난 사극 스릴러다.

때는 1808년, 나라에 공납하고 남은 종이로 청과 무역을 해 부를 축적한 동화도에서 기묘한 살인 사건이 벌어지기 시작한다. 상인 신분인 객주면서 섬을 제지 산업지로 성공시킨 강 객주(천호진 분)와 그 가족이 황사영(黃嗣永, 1775~1801) 백서* 사건(1801)과 관련되어 참혹한 죽임을 당한 후 7년 만에 그들의 사형 방법과 똑같은 끔

● 황사영 백서: 황사영이 1801년(순조 1) 신유박해의 전말과 그 대응책을 적은 흰 비단으로, 구베아 주교에게 몰래 보내고자 했다. 원본은 1801년에 압수된 이후 줄곧 의금부에 보관되다가 1894년 갑오개혁 후, 옛 문서를 파기할 때 우연히 당시 교구장이던 뮈텔(G. C. M. Mutel) 주교가 입수해 1925년 한국순교복자 79위의 시복식 때 교황에게 전달했다. 현재 교황청 민속박물관에 보관되어 있다.

찍한 방법으로 사람들이 죽어 나가기 시작한 것이다.

영화는 살인 사건과 함께 이를 해결하기 위해 육지에서 파견된 원규(차승원 분)의 이야기, 바다에 대한 공포 때문에 태어나 한 번도 섬을 떠난 적 없는 인권(박용우 분)의 슬픈 사랑, 신분 갈등 때문에 은혜를 원수로 갚은 두호(지성 분)의 울분, 섬이라는 닫힌 공간에 있는 집단의 폭력성과 공포를 잘 버무려 관객을 오싹하게 만든 미스터리 스릴러다.

19세기 초의 사회상과 천주교의 세력 확장

영화 속 사건의 배경은 황사영 백서 사건이다. 이에 앞서, 1801년 조선에서는 대대적인 천주교 박해 사건이 일어났다. 바로 신유박해(辛酉迫害)다.

신유박해는 천주교에 대해서 비교적 너그럽던 정조가 죽은 뒤, 어린 순조가 왕위에 오르자 수렴청정을 하게 된 정순왕후*와 그의 일족인 경주 김씨 노론 벽파*의 주도로 천주교도를 대대적으로 박해한 사건이다. 이 사건으로 천주교도뿐만 아니라 정조의 비호 아

● 정순왕후: 조선 영조의 계비. 성은 김(金). 사도세자를 반대하는 벽파(僻派)와 손을 잡고, 반대파인 시파(時派)를 탄압했다. 순조가 즉위하자 수렴청정을 하면서, 천주교 금지령을 내리고 신유박해를 일으켰다.

래 성장하고 비교적 천주교에 관대하던 남인 세력도 정치적으로 함께 제거되었다. 이승훈·이가환 등 천주교도와 정약용 같은 진보적 사상가들이 처형되거나 유배되고, 중국인 신부 주문모(周文謨)*를 비롯한 천주교도 100여 명이 처형되었으며 약 400명이 유배되었다. 이 시기 황사영은 박해를 피해 충북 제천에 머물면서 백서(帛書)를 작성해 이를 중국에 전달하고자 했다.

황사영은 근기 남인으로 정약용의 큰형 정약현(鄭若鉉, 1751~1821)의 사위다. 그는 처가의 인도로 천주교에 입교한 뒤, 1795년부터 우리나라에 선교를 위해 들어온 중국인 신부 주문모의 측근으로 활동했다. 1798년부터 경기도와 한양 인근에서 천주교의 지도적인 활동가로 활약하고, 신유박해가 일어나자 신앙의 자유를 강구하기 위해 백서를 작성해 중국 베이징에 있는 천주교 주교에게 전하고자 했다. 황사영이 작성한 긴 글은 두 자가량 되는 비단에 쓰여 비단 '백(帛)'자를 쓴 백서라고 한다. 이 문서는 매우 방대한 내용을 깨알

- 노론 벽파: 노론은 장헌세자(사도세자)의 죽음을 안타깝게 보는 시파와 그가 죽음을 자초했다고 보는 벽파로 나뉜다. 시파에는 남인과 소론 그리고 노론의 일부가 가담했다. 벽파는 영조의 계비인 정순왕후 김씨의 처가를 중심으로 한 노론의 일부 세력이 핵심이었다. 정조 즉위 당시 벽파는 권력의 대부분을 장악하고 있었지만, 정조 재위 기간 동안 견제를 당해 권력에서 멀어졌다. 그러나 정조 사후 순조가 어린 나이로 즉위해 정순왕후가 수렴청정을 하면서 다시 권력을 장악한 것이다.

- 주문모: 중국 청나라의 신부(1752~1801). 베이징 주교(主教) 구베아(Alexandre de Gouvéa)의 명령을 받고 한양으로 들어와 선교하다가, 신유박해 때 의금부에 자수하고 사형당했다.

같이 작은 한자 1만 3311자로 담았다. 그 내용은 당시 조선 천주교
의 교세와 중국인 신부 주문모의 활약, 신유박해와 순교자에 대한
기록, 조선의 실정과 천주교 포교를 위한 방안 들이었다. 그중 천주
교 교세 확장을 위해 외세를 끌어들이려 한 부분은 현재까지도 비
판받을 소지가 있지만, 백서 자체는 19세기 초 조선의 사회상과 천
주교 교세 확장에 대한 역사적 기록으로서 가치도 있다.

　중국으로 가는 사신 틈에 몰래 끼워 보내려 하던 이 백서가 나라
에 발각되고 말았다. 그 결과, 황사영은 능지처참(陵遲處斬: 죄인을 죽
인 뒤 시신의 머리, 몸, 팔, 다리를 토막 쳐서 각지에 돌려 보이는 형벌)을 당하고
그 관련자들도 참형을 당한다. 영화에서는 섬을 발전시킨 강 객주

가 황사영의 경제적 후원자라는 무고에 죽임을 당한 과거에서부터 이야기를 시작한다.

강 객주는 자신이 천주교도와는 전혀 상관없다고 주장했지만, 섬에서 누군가는 희생해야 했다. 영화에서 동화도가 제지 산업지로 발전할 수 있었던 것을 남인계 재상의 도움 덕으로 설정하는데, 실제 18세기 말에 정조는 노론을 견제하기 위해 남인을 대거 등용해 자신의 정치적 동반자로 삼은 바 있다. 그해 정조가 죽고 순조 초년, 남인과는 정적에 가까운 강성 당파인 노론 벽파가 권력을 잡으면서 동화도에도 위기가 닥친다. 노론 벽파가 정조 연간 왕의 총애를 받던 남인을 천주교와 엮어 탄압하면서 남인계 섬의 정신적 지주인 김치성 대감 또한 위기에 봉착한다. 그런 김치성을 대신해 누군가 희생양이 되어야만 섬은 제지업을 계속 발전시킬 수 있었다. 여기에 주민이 강 객주에게 갚아야 할 채무와 탐욕에 가까운 명예욕에 사로잡힌 토포사(討捕使) 이지상(최동준 분)이 행한 참혹한 처벌이 강 객주 집안의 비극을 빚어내고, 이는 결국 7년 후 기괴한 살인사건의 단초가 된다.

영화는 정조 연간을 통해 발달한 상업 환경 속에서 제지업을 일으켜 국제무역으로 돈을 번 상인계급과 구시대 양반의 신분적인 갈등, 돈 앞에서 의리와 은혜를 배신하고 마는 집단의 이기심 등을 배경으로 소름 끼치게 절절한 사랑 이야기를 배치하고 있다.

제지 산업의 비약적인 성장

영화의 배경이 되는 제지소가 있는 동화도는 가상의 섬이다. 우리나라의 대표적인 한지(韓紙) 생산지로 완주(오늘날 전주)·경주·영변·순창·평강 등이 있지만, 조선 후기에는 전국적으로 한지가 생산되었고 국가기관인 조지서뿐만 아니라 민간에서도 종이를 만들도록 권장했다고 한다. 18세기 들어 서적 문화가 발달하자 종이에 대한 수요도 폭발적으로 늘어 사장(私匠: 나라에서 관리하지 않는 일반 장인)이 종이를 만들어 부를 쌓는 일이 많았다. 국제무역을 하거나 국내 유통망을 쥔 상인이 장인을 들여서 일을 시키고 그 생산품을 파는 일도 많았는데, 영화 속 동화도는 바로 이런 상인인 강 객주가 주도해 제지업을 일으킨 곳으로 설정되어 있다.

우리나라 종이는 한지나 조선종이라고 하며 닥나무나 삼지닥나무 껍질을 원료로 한다. 닥나무를 삶아 껍질을 벗겨 말리고 다시 물에 불려 발로 밟아 하얀 내피(內皮) 부분만 가려내고, 이것에 양잿물을 섞어 세 시간 이상 삶아 압축기로 물을 짜낸다. 여기에 닥풀뿌리를 으깨어 짜낸 끈적끈적한 물을 넣고 잘 혼합해 고루 풀리게 한 다음, 발[簾]로 종이 물을 걸러서 뜬 것이 우리나라 한지다. 영화는 동화도를 닥나무 숲이 울창해 종이 재료가 풍부한 곳으로 설정하고, 이 숲을 미스터리의 공간으로도 이용했다. 여기에 조선 시대 제지소를 정교하게 복원해, 보는 재미를 줌과 동시에 살인 사건이 일어

영화 〈혈의 누〉는 동화도를 닥나무 숲이 울창하여 종이 재료가 풍부한 곳으로 설정하였고, 이 숲을 미스터리의 공간으로도 이용하였다.

나는 공포의 공간으로도 활용했다.

한지는 신라 시대부터 만들어졌다고 추정하는데, 고려를 거쳐 조선 초기에 이르면 그 우수성이 국제적으로 알려져 중국의 공문서에 한지만 쓰였다고 한다. 사정이 이렇다 보니, 중국에 사신을 파견할 때 나라에서 보내는 선물 품목에 한지가 반드시 들어갔으며 중국 상인들이 조선에서 꼭 수입하고자 하는 물품도 한지였다.

종이가 조선 후기 교역의 주요 물품이 되다 보니, 종이를 만드는 제지업은 자연히 막대한 부를 쌓을 수 있는 업종이었다. 조선 후기 상공업을 통한 부의 축적은 기존 계급 질서에 변화를 가져왔고, 부를 기반으로 한 새로운 계층이 등장하자 사람들은 새로운 사회질서를 꿈꾸기도 했다.

영화 속 제지소의 경영자였던 강 객주는 조선 후기의 경제 상황

속에서 빠른 시일 내에 많은 부를 쌓을 수 있었다. 그리고 이 부를
바탕으로 섬이라는 폐쇄된 공간인 동화도에서 기존 신분 질서와는
다른 세상을 구현해 보고자 했다. 그것은 바로 평등을 바탕으로 한
고용-피고용 관계의 창출이었다. 이런 시도는 구시대 양반 사회의
질서를 고집하던 김치성 대감과 미묘한 대립을 만들었고, 강 객주
의 경제적 성공은 마을 사람들의 보이지 않는 질시를 받았다. 그리
고 그는 신분제에 대한 생각의 한계로 노비 두호의 원한을 산다.

노론의 독주로 시작된 반동의 역사

근대법과 행형(行刑)이 도입되기 전 조선 시대의 형벌 제도는 오
늘날에는 상상할 수 없을 정도로 잔인했다. 영화에서 강 객주 일가
가 천주교도로 몰려 죽임을 당하는 방법들이 매우 참혹한데, 이것
들은 실제 조선 시대의 형벌이다. 강 객주 일가가 효시·육장·도모
지·석형·거열 등 다섯 가지 형벌로 죽임을 당하는데, 이것이 7년
후 일어나는 연쇄살인에서도 그대로 재현된다.

먼저 효시(梟示)는 대죄를 범한 사람의 목을 베어 매달아 군중
앞에 보임으로써 대중을 경계하던 형벌인데, 효수라고도 한다. 대
체로 효시는 사사로이 군인을 징발한 자, 민란과 군란을 일으킨 주
모자를 처벌하던 형벌이다. 일개 천주교도에게 가해진 형벌치고는

┃ 영화 〈혈의 누〉에서 복원해 낸 조선 시대 제지소 모습. 종이가 조선 후기 국제 교역의 주요 물품이 되다 보니, 종이를 만드는 제지업은 자연히 막대한 부를 쌓을 수 있는 업종이었다.

매우 가혹한 것이라고 할 수 있다. 육장(肉醬)은 물이 끓는 가마솥에 사람을 산 채로 넣어 삶는 형벌이다. 끓일 팽(烹) 자를 써서 팽형이라고도 한다. 도모지(塗貌紙)는 젖은 종이를 한 장씩 겹겹이 얼굴에 붙여 질식해 죽게 하는 형벌이고, 석형(石型)은 죄인의 몸에 밧줄을 묶어 끌어 돌담에 머리를 쳐서 죽게 하는 형벌이다. 가장 고통스러운 형벌은 거열형(車裂刑)인데, 산 사람의 사지를 각각 말이나 소에 묶어 온몸을 갈기갈기 찢어 죽이는 것이다. 영화에서 강 객주가 거열형을 받는 장면이 나오는데, 보통 상징적으로 처리하는 장면을 이 영화는 대단히 사실적으로 표현했다.

영화의 배경인 19세기 초의 형벌 제도에서도 이 다섯 가지 사형 방법이 자주 쓰이지는 않았다. 영화에서 강 객주 일가가 죽임을 당한 방법은 천주교 토포사였던 이지상이 국가권력을 등에 업고 저지른 잔혹함의 표현이라고 할 수 있다. 이런 사형 제도는 19세기 말 갑오개혁으로 대부분 철폐되고, 그 대신 근대적인 행형 제도가 도입되었다.

19세기 초는 우리 역사에서 반동의 시대였다고 할 수 있다. 정조 연간 변화·발전한 경제상은 세도정치가 시작되면서 후퇴했고, 자유롭고 진보적인 사상과 새로운 학문의 도입은 금지되었으며, 정치적으로는 노론의 독주로 부패가 시작되었다. 강 객주의 집안이 진보 세력을 뜻한다면, 동화도의 주민과 대감 김치성과 노비 두호는 반동의 시대를 대표하는 인물들이다.

이들의 갈등과 대립은 영화 속 인물 김인권의 연쇄살인을 통해 극명하게 표출된다. 김인권은 구시대의 지도자 격인 김치성의 아들이면서 새로운 시대를 이끌려고 하던 강 객주의 딸을 사랑하는 갈등 속의 인물이다. 또한 그는 민중에게 이로운 진보적 역사의 흐름을 꿰뚫어 보면서도 사리사욕에 눈이 멀어 시대의 흐름을 어그러뜨리는 무지한 민중에게 환멸을 느끼기도 한다. 그는 이러지도 저러지도 못하는 역사의 아이러니 속에서 운신하기 힘든 지식인을 대표하는데, 배를 타는 것이 무서워 육지로 나가지 못하는 그의 약점이 바로 이를 상징한다. 게다가 그는 토포사 이지상이 강 객주 집안에

▌ 김윤보의 『형정도첩』에서. 효시(梟示)는 대죄를 범한 사람의 목을 베어 매달아 군중 앞에 보임으로써 대중을 경계하던 형벌로, 효수라고도 한다. 이 그림에서도 참수 후에 머리를 걸기 위해 상투에 줄을 매어두었다.

가한 가혹한 형벌에 분노하지만, 결과적으로 자신이 지키고 싶었던 사랑이 깨지자 똑같은 방법으로 살인을 저지르는 혼란과 갈등의 인물이다.

〈혈의 누〉는 19세기 초 사회의 변화 속에서 일어난 정치적·경제적·사상적·신분적 대립과 갈등을 매우 절절하고 지독한 사랑 이야기 속에 녹여낸 영화다.

18

—

수탈을 견디다 못해
일어선 백성

-군도-

〈명량〉과 함께 개봉해 2014년 한국 역사 영화의 흥행을 이끈 쌍두마차 구실을 한 〈군도〉(감독 윤종빈)는 19세기 철종(哲宗, 재위 1849~1863) 대를 배경으로 하고 있다. 많은 역사 영화가 영웅 한 명의 이야기에 치중해 흥행 몰이를 한 것에 비해 〈군도〉는 일반 백성들이 역사를 이끌어 간다는 호쾌한 역사관을 보이며 관객들의 호응을 얻었다. 특히 이 영화는 기존 정통 역사 영화의 스타일에서 벗어나 할리우드의 서부영화 장르를 차용해서 영화를 보는 또 다른 재미를 주었다.

〈군도〉의 배경이 된 19세기 세도정치

〈군도〉의 구체적인 배경은 1862년 조선 전역을 휩쓴 임술민란이다. 그 전에 일어난 민란들이 특정 지역을 벗어나지 못했던 것에 비해 임술민란은 그야말로 전국적으로 일어난 민란이다. 이 전국적 규모의 민란이 일어난 데는 수십 년간 누적된 중앙정부의 부패가 있었다. 그리고 부패의 원인은 세도정치를 한 안동 김씨 집안에 있었다.

원래 조선은 왕과 신하들이 서로 권력을 견제하면서 부패를 막고 백성을 이롭게 한다는 성리학적 명분하에 세운 나라다. 실제로 조선의 역사는 이 두 세력의 긍정적 경쟁 속에서 이어졌지만, 정조 사망 이후 19세기에 접어들어 왕권이 급속도로 약해지면서 이 경쟁은 신권의 승리로 끝났다. 왕도 신하들이 마음대로 선택할 수 있는 지경에 이르자 신권을 견제할 세력이 사라지면서, 신권을 쥔 양반 관료 사회가 급속도로 부패했다. 특히 노론 중에서도 순조의 정비인 순원왕후의 친정인 안동 김씨 세력이 독주하면서 중앙정부뿐만 아니라 말단 관료까지 견제 없이 굴러가는 눈덩이처럼 부패가 극심해졌다. 그리고 정책을 입안하고 실행하는 관료 사회의 부패는 바로 백성들의 삶에 영향을 미쳤다.

임술민란이 일어날 때 왕위에는 철종이 있었다. 안동 김씨 집안의 손에 뽑혀 왕좌에 앉아 강화도령으로 불리기도 한 철종은 그야

▌〈철종 어진〉, 국립고궁박물관. 철종의 31세 초상으로 1861년(철종 12)에 제작되었다. 어진 제작 관련 기록인 『어진도사사실御眞圖寫事實』(1872년 이후)에 따르면, 왕명을 받들어 자비대령화원 이한철(李漢喆)과 도화서 화원 조중묵(趙重默)이 주관하여 제작한 것이다. 화면의 절반 가량이 소실되었지만 임금이 군복을 입고 있는 유일한 초상이란 점에서 가치가 높다.

말로 허수아비 왕이었다. 그의 아버지 전계대원군은 정조의 이복동생인 은언군의 아들이지만 일찌감치 세도정치를 하는 양반들의 견제 속에서 몰락을 거듭했다. 그래서 나중에 철종이 되는 그의 아들은 강화에서 나무꾼으로 살면서 변변히 글공부도 못하고 왕족이라는 자각도 없는 상태로 있었다.

　은언군의 집안이 몰락하는 동안 왕실도 편하지는 않았다. 순조의 아들 효명세자와 그 아들 헌종(憲宗, 재위 1834~1849)이 차례로 요절하면서 왕위 계승자가 없었다. 순조 때부터 50여 년 동안 중앙 정계를 장악하고 왕권마저 쥐락펴락하던 안동 김씨 가문이 자신들의 권력을 위협할 만큼 똑똑한 왕실 사람들을 대부분 제거했기 때문에 왕으로 내세울 만한 인물도 남아 있지 않았다. 그래서 찾고 찾아 강화도까지 가서 데려온 인물이 철종이었다. 택군(擇君), 즉 임금으로 선택될 때 열아홉 살이던 철종은 일자무식을 겨우 벗어났을 뿐 유학의 초급 과정이라고 할 『소학小學』을 보는 둥 마는 둥 한 상태였다. 오늘날로 치면 초등학교를 좋지 않은 성적으로 다니다가 중퇴한 셈이니, 어리바리한 시골 청년이나 다름없었다. 이렇게 아무것도 모르는 청년을 허수아비 왕으로 앉혀 놓은 후, 양반 관료들은 자신들이 하고 싶은 대로 국정을 농단했다. 부패가 극에 달해 죽은 자의 호주머니에서까지 무언가를 빼먹을 궁리만 하는 극악한 지경에 이르렀다.

민란을 일으킬 수밖에 없던 백성

삼정(三政)이 문란해진 것이 임술민란의 가장 큰 원인이다. 토지세인 전정(田政), 군역 대신 베[軍布]를 내는 군정(軍政), 사실상 고리대금이 돼 버렸지만 처음에는 가난한 사람들을 구휼하기 위해 만든제도인 환곡(還穀) 등 국가재정에서 가장 중요한 것 세 가지를 가리키는 삼정은 오늘날의 세금에 해당한다. 자기 배를 불리는 데만 관심이 있던 상류층 양반들은 이 삼정을 극단적으로 문란하게 운영해서 백성들을 사지로 내몰았다.

전정의 문란은 법으로 정한 조세 외에 갖가지 명목으로 부가세와 수수료를 덧붙이는 것부터, 황무지와 농사를 짓지 않고 비워 놓은 땅에까지 세금을 물리는 백지징세(白地徵稅) 등으로 나타났다.

또 원래 군역은 16세부터 60세에 이르는 양인 남성이 부담해야할 것이었는데, 19세기에 이르면 군역을 질 나이가 아닌데도 남자라면 무조건 군포를 내게 해서 탐관오리들이 제 주머니를 불렸다. 갓난아이에게까지 군포를 부과할 정도였는데, 이를 두고 부리가 노란 새끼 새처럼 어린 아이[黃口]를 장정으로 군적에 올린다[簽丁]는 뜻에서 황구첨정이라고 한다. 심지어는 죽은 사람을 살아 있는 것으로 꾸미고 가족에게 계속 군포를 거두는 백골징포(白骨徵布), 사망이나 도망으로 없어진 사람의 군포를 이웃에게 물리는 인징(隣徵)과 친척에게 지우는 족징(族徵) 등 가뜩이나 힘든 백성의 등골을 빼먹

┃ 영화 〈군도〉에서 농민 장씨(김성균 분)가 분노하며 행동에 나서는 장면은 당시 민란을 일으킨 백성의 심정을 그대로 보여 준다.

는 방식은 다양했다.

　삼정 가운데 폐해가 가장 큰 것은 환곡이었다. 환곡은 원래 춘궁기, 즉 가을에 거둔 쌀을 비롯한 곡식들이 떨어지고 보리는 익지 않아 먹을 것이 없는 봄철 보릿고개에 배고픈 백성에게 쌀을 내어 주고 가을에 싼 이자를 붙여 돌려받는 빈민 구휼 제도였다. 19세기에 들어서면서 이 제도가 악용되었는데, 빌리지 않으려고 해도 억지로 떠맡기거나 급할 때 빌려준 뒤 도저히 갚을 수 없을 만큼 높은 이자를 물려 소작농이 스스로 몸을 팔아 노비가 되게 하는 식이었다. 나라에서 백성을 상대로 고리대금업을 한 셈이다. 〈군도〉에서는 관리를 끼고 백성들에게 쌀을 빌려주거나 거짓 장부를 만들고 이자를 물리면서 결국 이들을 노비 신분으로 전락시키는 조윤(강동원 분)을 통해 환곡이 무엇인지를 보여 준다.

이런 부정의 원인은 관료제의 부패에 있었다. 권세가인 안동 김씨 가문에 많은 뇌물을 바치고 벼슬을 얻은 지방 관리들은 그 돈을 회수하기 위해 백성들을 수탈했다. 그렇게 원금의 몇 배를 뽑아 더 좋은 관직을 사는 일도 비일비재했다. 죽어 나가는 것은 백성이었다. 〈군도〉에서처럼 권세가와 부자가 한통속이 되어 백성을 수탈하는 것이 당연했고, 이런 수탈의 고리 속에서 참다못한 백성들은 민란을 일으켰다.

1811년 홍경래의 난 이래 일흔 곳이 넘는 군에서 농민들이 들고일어난 임술민란까지 19세기에는 크고 작은 민란이 있었지만, 결과적으로 체제 자체를 전복하지는 못했다. 그러나 백성들이 자신의 처지를 각성하고 다음 시대를 계획하게 한 민란은 새로운 세상을 앞당기는 원동력이 되었다. 〈군도〉에서 도치(하정우 분)를 비롯한 지리산 의적, 추설이 조윤과 싸우는 것을 지켜보다 자신의 처지를 깨달은 농민 장씨(김성균 분)가 분노하며 행동에 나서는 장면은 바로 당시 민란을 일으킨 백성의 심정을 그대로 투영한 것이라고 할 수 있겠다. 장씨는 조윤과 관리에게 누구보다 심하게 이용당하고 핍박당한 피해 당사자였다.

『백범일지』의 의적 계보에서 얻은 모티브

〈군도〉에 등장하는 추설은 김구(金九, 1876~1949)의 『백범일지白凡逸志』에 나오는 이야기에서 모티브를 얻었다고 한다. 김구 또한 들은 말을 기록했기 때문에 추설이 실제로 존재했는지는 알 수 없다. 그러나 『백범일지』에 전하는 추설은 지리산에 터를 잡고 삼남 지방, 즉 충청도·경상도·전라도에서 활동한 의적 집단이라고 한다.

『백범일지』에 따르면, 김구는 한일 강제 병탄 직후 신민회 사건으로 구속되어 서대문형무소에 갇혔으며 이때 감옥에서 '불한당 괴수'라고 불리는 김 진사를 만났다고 한다. 그가 김구도 자신과 처지가 비슷하다고 생각해서 목단설인지, 추설인지, 북대인지를 물었다. 이를 알아듣지 못하는 김구를 그는 북대라고 여겼는데, 가까이 있던 이가 안타까워하면서 김구를 사상범으로 소개했다. 그러자 김 진사는 자신이 속한 의적의 계보를 밝히면서 그 존재에 대해 소상히 알려 주었다. 1392년 조선의 건국에 불만을 품은 고려의 유민과 승려 들이 산으로 들어가 비밀결사를 만든 것이 의적으로 이어졌다는 것이다. 시대에 따라 임꺽정이나 장길산 등으로 불렸지만 알고 보면 그 뿌리는 조선 초기에 닿아 있다고 한다. 북쪽에서는 황해도의 목단설, 남쪽에서는 추설이 의적의 맥을 이었다. 이들은 비록 도둑질을 해도 의로운 일을 하겠다는 뜻이 있지만 처음에 김구에게 말한 북대는 일반 잡범이나 강도, 액면 그대로 도적이라는 것이다.

<군도>에 등장하는 지리산 의적 '추설'은 김구의 『백범일지』에 나오는 이야기에서 모티브를 얻었다.

즉 추설과 목단설은 진짜 의적인데 조선 정부가 싸잡아 북대처럼 폄하했다고 한다.

의적의 우두머리는 '노사장'이라고 불렀으며 그 아래에 사무장 격인 '유사'를 두었다. <군도>에서도 노사장과 유사가 등장해 의적 일을 기획하고 실행에 옮기는데, 이것은 『백범일지』에 기초한 것이다. 김 진사는 자신이 노사장 일을 했다면서 추설의 활동상을 증언했다. 그에 따르면, 목단설과 추설은 남의 물건을 함부로 훔치지 않고 시기와 절차를 정해 의미 있는 일을 할 수 있을 때 도적질에 나섰다고 한다. 그리고 이렇게 대규모 도적질에 나서는 것을 '장 본다'고 표현했다. <군도>에서도 이들이 쓰는 말을 그대로 따온다. 김 진사가 증언한 도적질 중 대표적인 것이 '화개장터 습격 사건'인데,

〈군도〉는 이 사건도 그대로 가져온다. 의적은 주로 장례 행렬을 이용해 상대의 경계심을 풀고 목표지역으로 스며들어 봉기하기 때문에, 상주·호상객·양반·장사치 등으로 변장하고 장터에 모인다. 상주가 주막에서 트집을 잡아 다툼을 벌이면 구경꾼이 모여들기 마련이라, 이때 상여에 숨겨 둔 무기를 나눠 갖고 영화에서처럼 한바탕 도적질을 벌이는 것이다. 그리고 이렇게 손에 넣은 장물은 가까운 절로 가져가 그곳에서 나누었다고 한다. 〈군도〉는 시작할 때 홍길동 이래 의적의 계보를 언급하면서 추설이라는 존재를 소개한다. 추설은 김 진사의 증언에만 의지하는 만큼 그 소속 인원이 영화 속 구성원과 같았는지는 알 수 없다. 어차피 양반의 기록이 아닌 다음에야 백성의 이름이나 존재는 익명으로 처리될 뿐이니, 영화의 등장인물들과 같은 도적들이 없었다고 할 수도 없는 일이다. 『백범일지』에서 김구는 김 진사를 통해 얻은 지식이 훗날 그가 독립운동을 조직할 때 많은 도움이 되었다고 은근히 내비치기도 했다.

한편 추설은 신입 조직원을 받아들이는 독특한 방식이 있었다. 영화에서도 조윤에게 어머니와 누이를 잃은 도치를 시험을 통해 신입으로 받아들이는 장면이 있는데, 『백범일지』에 나오는 신입 선발 방법은 영화보다 더 극적이다. 목단설과 추설 계통 의적들은 신입을 받을 때 상당히 혹독한 시험을 거치게 했다. 이들은 신입 회원 후보를 강도범으로 몰고 거짓으로 체포해 의리와 담력을 시험했다. 관원으로 꾸민 의적들이 신입 후보를 잡아 조사하고 상당히 혹독한

▎영화 〈군도〉에서 조 대감을 아버지라 부르지 못하는 서얼 조윤(강동원 분)은 홍길동의 처지와 닮았지만, 의적이 된 홍길동과 달리 신분 콤플렉스로 집안의 적자인 조카를 살해하려 들고 관리들과 결탁해 백성들을 수탈하는 악한이다.

고문까지 했다는 것이다. 이때 끝까지 죄를 자백하지 않으면 조직에 받아들이고, 고문을 못 이겨 자백하면 그냥 집으로 돌려보냈다고 한다. 영화에서 도치를 곤란한 상황에 몰아넣으며 그에게 어떤 길을 갈지 선택하게 하는 것이 바로 김 진사가 말한 신입 시험이다.

아버지를 아버지라 부르지 못한 홍길동과 조윤

그런데 영화의 중심을 이루는 악역이지만 끝내 미워할 수 없다고 평가받는 조윤은 어떤 인물일까? 조선 시대에 조윤이라는 무장이 있기는 했으나 그는 병자호란 때 활동해, 19세기 인물인 영화 속 조윤과는 관계없다.

조윤은 가상의 인물로, 그의 이력을 보면 허균의 소설 『홍길동전』 주인공과 닮았다. 조선에서 신분은 어머니에 따라 결정되었다. 아버지가 양반이라도 어머니가 천민이면 천민이다. 홍길동이 홍 참판의 아들이면서도 아버지를 아버지라 부르지 못하고 대감마님으로 불러야 하는 자신의 처지를 원통해하듯, 영화 속 조윤 또한 천민인 기생을 어머로 두어 아버지의 구제 없이는 천민일 뿐인 울분에 찬 팔자를 타고났다. 엄밀하게 따지면 그의 신분도 도치와 별반 다르지 않은 것이다. 영화 대사에 있듯 '자기 아버지에게 금수만도 못한 취급을 받고 자란' 조윤은 성정이 비틀어질 수밖에 없는 성장기를 거치면서 의적의 대명사인 홍길동과는 전혀 다른 길을 간다. 영화에서 조윤의 이력을 홍길동과 비슷하게 설정한 점이 매우 흥미로운데, 신분이 어떻든 처지가 어떻든 인간이 선하게 또는 악하게 사는 것은 오롯이 개인의 선택에 달려 있다고 말하려는 듯하다.

영화 〈군도〉는 의미심장한 메시지를 화려한 액션과 박진감 있는 화면 구성, 배우들의 호연으로 버무려서 보여 줌으로써 지루함과 거부감 없이 공감을 일으키는 뛰어난 작품이라고 말하고 싶다.

참고문헌

1. 사료

『계축일기癸丑日記』『고려사高麗史』『고려사절요高麗史節要』『난중일기亂中日記』
『당의통략黨議通略』『대동야승大東野乘』『대전통편大典通編』『동소만록桐巢漫錄』
『목민심서牧民心書』『무원록無寃錄』『백범일지白凡逸志』『북학의北學議』『산성일
기山城日記』『삼국사기三國史記』『성호사설星湖僿說』『송도기이松都記異』『신당서
新唐書』『어우야담於于野譚』『연려실기술燃藜室記述』『열하일기熱河日記』『월정만
필月汀漫筆』『인현왕후전仁顯王后傳』『조선왕조실록朝鮮王朝實錄』『천예록天倪錄』
『청구영언靑丘永言』『추관지秋官志』『한중록閑中錄』『해동가요海東歌謠』

2. 단행본

강명관,『그림으로 읽는 조선 여성의 역사』, 휴머니스트, 2012
_____,『조선 사람들, 혜원의 그림 밖으로 걸어나오다』, 푸른역사, 2001
_____,『조선시대 책과 지식의 역사』, 천년의상상, 2014
고동환,『朝鮮後期 서울商業發達史研究』, 지식산업사, 1998
고석규,『암행어사란 무엇인가』, 박이정, 1999
국립중앙박물관 편,『표암 강세황: 탄신 300주년 기념 특별전. 시대를 앞서 간 예술혼』,
    그라픽네트, 2013
국사편찬위원회 엮음,『천민예인의 삶과 예술의 궤적』, 두산동아, 2007
김범,『연산군: 그 인간과 시대의 내면』, 글항아리, 2010
김삼기,『조선시대 제지수공업 연구』, 민속원, 2006
김용숙,『조선조 궁중풍속 연구』, 일지사, 1987
김인호,『조선의 9급 관원들: 하찮으나 존엄한』, 너머북스, 2011
김정미,『천추태후: 잔혹하고 은밀한 왕실 불륜史』, 아름다운사람들, 2008
김종성,『조선 노비들, 천하지만 특별한』, 역사의아침, 2013
노태돈,『삼국통일전쟁사』, 서울대학교출판부, 2009
동북아역사재단 엮음,『평양 지역 고구려도성 유적』, 동북아역사재단, 2013
문중양 외,『민음 한국사: 15세기, 조선의 때 이른 절정』, 민음사, 2014
박상진,『궁녀의 하루: 여인들이 쓴 숨겨진 실록』, 김영사, 2013

박석무, 『다산 정약용 평전』, 민음사, 2014

박순임·김창원, 『장서각 수집 국문고전소설 시가 및 실기류 해제』, 장서각연구총서 7, 민속원, 2008

박종성, 『백정과 기생』, 서울대학교출판부, 2013

박흥용, 『구르믈 버서난 달처럼』, 바다그림판, 2007

배항섭·손병규 엮음, 『임술민란과 19세기 동아시아 민중운동』, 성균관대학교출판부, 2013

백승종, 『정조와 불량선비 강이천』, 푸른역사, 2011

부길만, 『조선시대 방각본 출판 연구』, 서울출판미디어, 2003

서영교, 『고구려, 전쟁의 나라』, 글항아리, 2007

서주희, EBS 화인 제작팀, 『풍속화: 붓과 색으로 조선을 깨우다』, 지식채널, 2008

신명호, 『궁녀: 궁궐에 핀 비밀의 꽃』(개정증보판), 시공사, 2012

신형식, 『고구려사』, 이화여자대학교출판부, 2003

실학박물관 편저, 『실학박물관』, 통천문화사, 2010

심우성, 『남사당패 연구』, 동문선, 1989

심재우, 『네 죄를 고하여라: 법률과 형벌로 읽는 조선』, 산처럼, 2011

역사문화교육연구소, 『기축옥사 재조명』, 선인, 2010

오주석, 『단원 김홍도』, 열화당, 2004

유봉학, 『정조대왕의 꿈』, 신구문화사, 2001

유승희, 『미궁에 빠진 조선』, 글항아리, 2008

윤아영, 『궁정나례의 변천양상과 공연사적 의의』, 민속원, 2012

이민웅, 『이순신 평전: 420년 만에 다시 본 이순신과 임진왜란』, 책문, 2012

이성무, 『조선시대 당쟁사』 1·2, 아름다운날, 2007

_____, 『한국의 과거제도』, 집문당, 1994

이영춘, 『영조의 어머니 숙빈 최씨』, 한국학중앙연구원, 2013

이은순, 『조선후기 당쟁사연구』, 일조각, 1990

이이화, 『이이화의 한국사 이야기 15: 문화군주 정조의 나라 만들기』, 한길사, 2001

이한수, 『고려에 시집온 칭기즈칸의 딸들』, 김영사, 2006

이해운, 『관상학』, 나가원, 2014

임형택·고미숙 엮음, 『한국고전시가선』, 창비, 1997

전형택, 『조선 양반사회와 노비』, 문현, 2010

정병설, 『권력과 인간: 사도세자의 죽음과 조선 왕실』, 문학동네, 2012

정용숙, 『고려시대의 后妃』, 민음사, 1992

정유현, 『재미로 들여다 보는 우리의 옛 그림: 신윤복 편』, 범우사, 2011

정진명, 『이야기 활 풍속사』, 학민사, 2000

조광, 『조선후기 사회와 천주교』, 경인문화사, 2010

지두환, 『숙종후궁 장희빈』, 역사문화, 2002

최정용, 『조선조 세조의 국정운영』, 신서원, 2000

한명기, 『광해군: 역사인물 다시 읽기』, 역사비평사, 2000

_____, 『병자호란: 역사평설』 1 · 2, 푸른역사, 2013

허경진, 『백호 임제 시선』, 평민사, 1997

홍석중, 『황진이』 1 · 2, 대훈닷컴, 2006

홍영의, 『고려 말 정치사 연구』, 혜안, 2005

황충기, 『기생 일화집』, 푸른사상, 2008

3. 인터넷 자료

두산백과

문화콘텐츠닷컴

민족문화대백과사전

위키피디아

한국사 영화관, 전근대 편
18편의 영화로 읽는 삼국, 고려, 조선 시대사

초판 1쇄 발행 2019년 1월 22일
초판 2쇄 발행 2019년 12월 30일

지은이 | 김정미
교정 | 김정민
디자인 | 여상우

펴낸이 | 박숙희
펴낸곳 | 메멘토
신고 | 2012년 2월 8일 제25100-2012-32호
주소 | 서울시 은평구 연서로 182-1, 502호(대조동)
전화 | 070-8256-1543 팩스 | 0505-330-1543
이메일 | mementopub@gmail.com
블로그 | http://mementopub.tistory.com
페이스북 | www.facebook.com/mementopub

ⓒ김정미
ISBN 978-89-98614-60-7 (04910)
    978-89-98614-59-1 (세트)

이 도서의 국립중앙도서관 출판시도서목록(CIP)은 서지정보유통지원시스템 홈페이지
(http://seoji.nl.go.kr)와 국가자료종합목록시스템(http://www.nl.go.kr/kolisnet)에서
이용하실 수 있습니다. (CIP제어번호: CIP2019001032)